新指導要録の

中学校 記入例と
用語例

［編著］

無藤 隆・石田 恒好・嶋﨑 政男
吉冨 芳正・石塚 等・櫻井 茂男・平山 祐一郎

図書文化

まえがき

無藤　隆（白梅学園大学）

　学習指導要領の改訂に伴い，学習評価と指導要録の基本の在り方も改訂された。本書はその趣旨の解説に加え，具体的な書き方の例を示し，現場の教師の方々が評価を進め，要録を記入する際の一助となるようにまとめたものである。

　今回の改訂の大きなねらいは資質・能力の三つの柱（知識及び技能，思考力・判断力・表現力等，学びに向かう力・人間性等）を基本に置きながら，各教科等における見方・考え方を示し，指導の要点として主体的・対話的で深い学びを進めるとしたことにある。これは学習主体である子どもの学びのあり方について，学ぶ主体として長期的に資質・能力を身に付けられるよう，各教科等において見方・考え方を捉えられるようになってほしい，そのために主体的・対話的で深い学びの在り方を身に付けてほしい，という願いが込められている。評価もそれらの進捗に寄与するものでなければならない。そこで評価の観点として「知識・技能」「思考・判断・表現」「主体的に学習に取り組む態度」を挙げ，それらが各教科等の学習の単元程度の単位で確実に進展するよう，形成的な評価として機能するようにするのである。要録はそういった評価の積み上げから学校教育に求められる種々の面について大きく学習の在り方をまとめ，子どもごとに成果を伝えると共に，教師の反省と改善の資料とするのである。

　もとより教育の中心は授業そのものである。評価の手間が過大になり，授業の進行や準備を妨げてはその本旨に背く。しかしただ簡便であればよいのではない。評価とは授業の改善に役立ち，子どもの学びをよりよくするための手立てであり，それなしに学校教育は成り立たないからである。手際よく進めつつ，実効性のある日常の評価活動とその累積・要約としての要録にできるかが課題となる。本書はその要請に応じて，学習評価と要録の考え方を簡潔に解説し，進め方・書き方の参考事例を豊富に挙げている。単にそのまま真似るのではなく，参照しながら，目の前の子どもとその学びにふさわしい形で作り替えていってほしい。本書をよりよい授業・評価へ役立てていただければ，幸いである。

contents ○● 新指導要録の記入例と用語例　中学校

contents ○●

第5章 年度末に記入すること

第6章 卒業時に記入すること

第7章 事由発生時に記入すること

第8章 記入のための参考資料

contents ∘•

6

中 学 校 生 徒 指 導 要 録 （参 考 様 式）

様式1 （学籍に関する記録）

区分＼学年	1	2	3
学　級			
整理番号			

学　籍　の　記　録

生徒	ふりがな		性別		入学・編入学等		年　月　日　第1学年　入学 第　学年編入学
	氏　名						
	生年月日	年　月　日生			転　入　学		年　月　日　第　学年転入学
	現住所						
保護者	ふりがな				転学・退学等		（　　年　　月　　日） 　　年　　月　　日
	氏　名						
	現住所				卒　業		年　月　日
	入学前の経歴				進　学　先 就　職　先　等		
学　校　名 及　　　び 所　在　地 (分校名・所在地等)							

年　度	年度	年度	年度
区分＼学年	1	2	3
校長氏名印			
学級担任者 氏　名　印			

様式2（指導に関する記録）

生　徒　氏　名		学　校　名				区分＼学年	1	2	3
						学　級			
						整理番号			

各 教 科 の 学 習 の 記 録

教科	観　点　　　学　年	1	2	3	教科	観　点　　　　学　年	1	2	3
国語	知識・技能					知識・技能			
	思考・判断・表現					思考・判断・表現			
	主体的に学習に取り組む態度					主体的に学習に取り組む態度			
	評定					評定			
社会	知識・技能								
	思考・判断・表現								
	主体的に学習に取り組む態度								
	評定								

特 別 の 教 科　道 徳

学年	学習状況及び道徳性に係る成長の様子
1	
2	
3	

教科	観点	1	2	3
数学	知識・技能			
	思考・判断・表現			
	主体的に学習に取り組む態度			
	評定			
理科	知識・技能			
	思考・判断・表現			
	主体的に学習に取り組む態度			
	評定			

総 合 的 な 学 習 の 時 間 の 記 録

学年	学 習 活 動	観　点	評　価
1			
2			
3			

教科	観点	1	2	3
音楽	知識・技能			
	思考・判断・表現			
	主体的に学習に取り組む態度			
	評定			
美術	知識・技能			
	思考・判断・表現			
	主体的に学習に取り組む態度			
	評定			
保健体育	知識・技能			
	思考・判断・表現			
	主体的に学習に取り組む態度			
	評定			
技術・家庭	知識・技能			
	思考・判断・表現			
	主体的に学習に取り組む態度			
	評定			

特 別 活 動 の 記 録

内　容	観　点　　　学　年	1	2	3
学級活動				
生徒会活動				
学校行事				

教科	観点	1	2	3
外国語	知識・技能			
	思考・判断・表現			
	主体的に学習に取り組む態度			
	評定			

生 徒 氏 名

行 動 の 記 録

項　　目　＼　学　年	1	2	3	項　　目　＼　学　年	1	2	3
基本的な生活習慣				思いやり・協力			
健康・体力の向上				生命尊重・自然愛護			
自主・自律				勤労・奉仕			
責任感				公正・公平			
創意工夫				公共心・公徳心			

総 合 所 見 及 び 指 導 上 参 考 と な る 諸 事 項

第1学年	
第2学年	
第3学年	

出 欠 の 記 録

区分　＼　学年	授業日数	出席停止・忌引等の日数	出席しなければならない日数	欠席日数	出席日数	備　　考
1						
2						
3						

9

本書の用語表記について（凡例）

答　申
≫ 幼稚園，小学校，中学校，高等学校及び特別支援学校の学習指導
要領等の改善及び必要な方策等について（答申）（中教審第 197 号）
（平成 28 年 12 月 21 日，中央教育審議会）
http://www.mext.go.jp/b_menu/shingi/chukyo/chukyo0/toushin/1380731.htm

報　告
≫ 児童生徒の学習評価の在り方について（報告）（平成 31 年 1 月 21 日，
中央教育審議会初等中等教育分科会教育課程部会）
http://www.mext.go.jp/b_menu/shingi/chukyo/chukyo3/004/gaiyou/1412933.htm

通　知
≫ 小学校，中学校，高等学校及び特別支援学校等における児童生徒
の学習評価及び指導要録の改善等について（通知）（30 文科初第
1845 号）（平成 31 年 3 月 29 日，文部科学省初等中等教育局）
http://www.mext.go.jp/b_menu/hakusho/nc/1415169.htm

新学習指導要領
≫ 平成 29・30 年改訂学習指導要領
http://www.mext.go.jp/a_menu/shotou/new-cs/1384661.htm

旧学習指導要領
≫ 平成 20・21 年改訂学習指導要領
http://www.mext.go.jp/a_menu/shotou/new-cs/youryou/index.htm

新観点（3観点）
≫「知識・技能」「思考・判断・表現」「主体的に学習に取り組む態度」。つまり，平成
31 年『通知』で示された観点別学習状況の3観点のこと。

旧観点（4観点）
≫「知識・理解」「技能」「思考・判断・表現」「関心・意欲・態度」。つまり，平成
22 年『通知』で示された観点別学習状況の4観点のこと。

今回の改訂
≫『平成 29・30 年改訂学習指導要領』又は平成 31 年『通知』。及び両方のこと。

指導要録の
基礎知識

▷ 1章 新指導要録のポイント

01 改訂の経緯

　指導要録の改訂は学習指導要領の改訂を受けて行われる。今回の小・中学校の学習指導要領の改訂は，中央教育審議会から平成28年12月21日に「幼稚園，小学校，中学校，高等学校及び特別支援学校の学習指導要領等の改善及び必要な方策等について」として出された答申を受けて，平成29年3月に行われた。

　学習評価と指導要録については，同答申において次のように言及されている。

○　学習評価については，教育課程や学習・指導方法の改善と一貫性を持った形で改善を進めることが求められる。また，「カリキュラム・マネジメント」の中で，学習評価の改善を，授業改善及び組織運営の改善に向けた学校教育全体のサイクルに位置付けていくことが必要である。

○　今後，観点別評価については，目標に準拠した評価の実質化や，教科・校種を超えた共通理解に基づく組織的な取組を促す観点から，小・中・高等学校の各教科を通じて，「知識・技能」「思考・判断・表現」「主体的に学習に取り組む態度」の3観点に整理することとし，指導要録の様式を改善することが必要である。

○　なお，観点別学習状況の評価には十分示しきれない，児童生徒一人一人のよい点や可能性，進歩の状況等については，日々の教育活動や総合所見等を通じて積極的に子供に伝えることが重要である。

（以上，同答申［概要］10ページより）

　これを受けて，平成29年7月18日に，初等中等教育分科会教育課程部会の下に，「児童生徒の学習評価の在り方に関するワーキンググループ」が設置された。ワーキンググループは，同年10月以降12回開催され，平成31年1月21日に，「児童生徒の学習評価の在り方について（報告）」が示された。その上で，平成31年3月29日に文部科学省初等中等教育局長の通知として，「小学校，中学校，高等学校及び特別支援学校等における児童生徒の学習評価及び指導要録の改善等について（通知）」が出された。

改訂の流れ

平成28年12月21日	「幼稚園，小学校，中学校，高等学校及び特別支援学校の学習指導要領等の改善及び必要な方策等について（答申）」（中央教育審議会）
平成29年3月	小・中学校の学習指導要領が改訂
平成29年7月18日	「児童生徒の学習評価の在り方に関するワーキンググループ」設置（初等中等教育分科会教育課程部会）
平成31年1月21日	「児童生徒の学習評価の在り方について（報告）」（初等中等教育分科会教育課程部会）
平成31年3月29日	「小学校，中学校，高等学校及び特別支援学校等における児童生徒の学習評価及び指導要録の改善等について（通知）」（文部科学省初等中等教育局長）
令和2年4月〜	小学校の新学習指導要領が完全実施
令和3年4月〜	中学校の新学習指導要領が完全実施

教育課程の改訂は
およそ10年に一度の
サイクルで行われている

02 改訂の方針

　各学校における学習評価は，学習指導の改善や学校における教育課程全体の改善に向けた取組と効果的に結び付け，カリキュラム・マネジメントにおける学習指導に係るPDCAサイクルの中で適切に実施されるべきものである。

　各教科等の学習評価を通じて，例えば，思考力・判断力・表現力等に課題があることが明らかになれば，それらをはぐくむ学習活動を学校の教育課程全体の中で推進するなど，学習評価を個々の授業の改善に加え，学校における教育活動全体の改善に結び付けることが重要であり，そうした取組を学校評価の枠組を通じて行うことが考えられる。このように個別の授業の改善にとどまらず，学校全体の評価の中に学習評価を組み込み，教育課程や指導計画・指導法の改善に生かすのである。

　児童生徒にとっては，学習評価は，自らの学習状況に気付き，その後の学習や発達・成長が促されるきっかけとなるべきものである。また，学習評価の結果を保護者に適切に伝えることは，学習評価に関する信頼を高めるものであるとともに，家庭における学習を児童生徒に促すきっかけともなる。

　以上述べた学習評価の意義や，現在の学習評価の在り方が小・中学校を中心に定着してきていると見られること，また，新しい学習指導要領は次代を担う児童生徒に「生きる力」をはぐくむという理念を引き継いでいることを踏まえれば，現在行われている学習評価の在り方を基本的に維持しつつ，その深化を図っていくべきである。今後とも，児童生徒一人一人への学習内容の確実な定着を図るため，各教科における児童生徒の学習状況を分析的に捉える観点別学習状況の評価と，総括的に捉える評定とについては，目標に準拠した評価として実施していくのである。

　新学習指導要領で重視している「主体的・対話的で深い学び」の視点からの授業改善を通して，各教科等における資質・能力を確実に育成する上で，学習評価は重要な役割を担っている。その視点から見ると，従来の学習評価の実態

について次のような課題が一部の学校などに見られると指摘されていた。

- ・学期末や学年末などの事後での評価に終始してしまうことが多く，評価の結果が児童生徒の具体的な学習改善につながっていない
- ・現行の「関心・意欲・態度」の観点について，挙手の回数や毎時間ノートを取っているかなど，性格や行動面の傾向が一時的に表出された場面を捉える評価であるような誤解が払拭し切れていない
- ・教師によって評価の方針が異なり，学習改善につなげにくい
- ・教師が評価のための「記録」に労力を割かれて，指導に注力できない
- ・相当な労力をかけて記述した指導要録が，次学年や次学校段階において十分に活用されていない

学習指導要領の改訂の趣旨を徹底し，このような課題に応えるとともに，教師の働き方改革を進めることとも両立を図る必要がある。そこで，学習評価の在り方について次の方向が目指されている。

① 児童生徒の学習改善につながるものにしていくこと
② 教師の指導改善につながるものにしていくこと
③ これまで慣行として行われてきたことでも，必要性・妥当性が認められないものは見直していくこと

こうした点を踏まえつつ，各学校においては，組織的・計画的な取組を推進し，学習評価の妥当性，信頼性などを高めるよう努めることが重要である。『通知』においても，すでに従前からいわゆる「客観性のある評価」ということを言い換え，学問的に意味のある「妥当性・信頼性」という用語が採用されており，その点は留意したい。

なお，児童生徒の学習状況が記録される指導要録の様式は設置者が定めるものであるが，指導要録は児童生徒の学習状況について異なる学校段階における円滑な情報の伝達を行うという機能を有することから，評価の結果が進学などにおいて活用される都道府県等の地域ごとに，一定の統一性が保たれることも求められる。学校における裁量を広げつつも，評価の説明責任を確保し，保護者・地域住民からの信頼を維持するために恣意的な変更を防ぎ，同時に，上級学校の入試などで統一的な扱いが可能になるようにするのである。

03 改訂の概要①
各教科の学習の記録

「観点別学習状況の評価」と「評定」

「観点別学習状況の評価」と「評定」については指導と評価の一体化の視点から見た場合には，それぞれ次のような役割が期待されている。

各教科の学習状況を分析的に捉える「観点別学習状況の評価」は，児童生徒がそれぞれの教科での学習において，どの観点で望ましい学習状況が認められ，どの観点に課題が認められるかを明らかにすることにより，具体的な学習や指導の改善に生かすことを可能とするものである。

各教科の観点別学習状況の評価を総括的に捉える「評定」は，児童生徒がどの教科の学習に望ましい学習状況が認められ，どの教科の学習に課題が認められるのかを明らかにすることにより，教育課程全体を見渡した学習状況の把握と指導や学習の改善に生かすことを可能とするものである。

このように「評定」は，簡潔で分かりやすい情報を提供するものとして，児童生徒の教科の学習状況を総括的に評価するものであり，教師同士の情報共有や保護者などへの説明のためにも有効である。このため，低学年を除く小学校，中学校及び高等学校において，評定を行うことは引き続き必要である。

各学校においては，設置者などの方針に沿って，自校における指導の重点や評価方法などを踏まえ，各教科の総括的な学習状況を捉える評定の決定の方法を検討し，適切な方法を定める必要がある。その際，異なる学校段階の間での児童生徒の学習状況を円滑に伝達するため，評価の結果が進学などにおいて活用される都道府県等の地域ごとに一定の統一性を保つことが望ましい。また，そのような評定の決定の方法を対外的に明示することも求められる。

評価の観点

評価の観点については，これまでは「知識・理解」「技能」「思考・判断・表現」「関心・意欲・態度」の四つの観点が設定されていた。今回の改訂においては，全ての教科等において，教育目標や内容を，資質・能力の三つの柱に基づき，小・

各教科における評価の基本構造

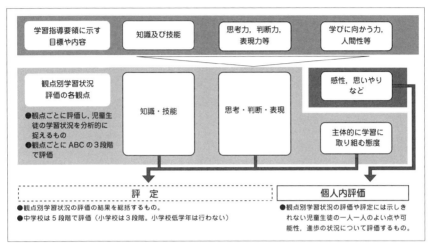

出典：中央教育審議会初等中等教育分科会教育課程部会「児童生徒の学習評価の在り方について（報告）」
2019年1月21日，p6

　中・高等学校の各教科を通じて「知識・技能」「思考・判断・表現」「主体的に学習に取り組む態度」の3観点に整理することになった。

　その際，「主体的に学習に取り組む態度」と，資質・能力の柱である「学びに向かう力・人間性等」の関係については，「学びに向かう力・人間性等」には，①「主体的に学習に取り組む態度」として観点別評価（学習状況を分析的に捉える）を通じて見取ることができる部分と，②観点別評価や評定にはなじまず，こうした評価では示しきれないことから個人内評価（個人のよい点や可能性，進歩の状況について評価する）を通じて見取る部分があることに留意する必要がある。

　なお，これらの三つの観点において重要性に違いがあるわけではない。どれが大事であり，ほかはそれに次ぐものであるといったことではなく，どれも同等に重要である。その意味で，観点を表記する際にもその順番に重要性の意味はない。むしろ，三角錐の三つの角に各観点があり，その観点が総合されて全体として授業活動を見直すための評価活動が成り立ち，授業改善に役立たせると捉えることができよう。

04 改訂の概要② その他の欄

　その他の欄について，おもなものを取り上げて概説する。

特別の教科　道徳

　学習活動における児童生徒の学習状況や道徳性に係る成長の様子を，個人内評価として文章で端的に記述する。

総合的な学習の時間の記録

　学習活動及び各学校が自ら定めた評価の観点を記入した上で，それらの観点のうち，児童生徒の学習状況に顕著な事項がある場合などにその特徴を記入するなど，児童生徒にどのような力が身に付いたかを文章で端的に記述する。

　評価の観点については，学習指導要領に示す総合的な学習の時間の目標を踏まえ，各学校において具体的に定めた目標，内容に基づいて定める。

特別活動の記録

　各学校が自ら定めた特別活動全体に係る評価の観点を記入した上で，各活動・学校行事ごとに，評価の観点に照らして十分満足できる活動の状況にあると判断される場合に，○印を記入する。

　評価の観点については，学習指導要領に示す特別活動の目標を踏まえ定める。その際，特別活動の特質や学校として重点化した内容を踏まえ，例えば「主体的に生活や人間関係をよりよくしようとする態度」などのように，より具体的に定めることも考えられる。

　記入に当たっては，特別活動の学習が学校や学級における集団活動や生活を対象に行われるという特質に留意する。

行動の記録

　各教科，道徳科，外国語活動（小学校のみ），総合的な学習の時間，特別活動やその他学校生活全体にわたって認められる児童生徒の行動について，設置者は，学習指導要領の総則及び道徳科の目標や内容，内容の取扱いで重点化を図ることとしている事項などを踏まえて示していることを参考にして，項目を

適切に設定する。また，各学校において，自らの教育目標に沿って項目を追加できるようにする。各学校における評価に当たっては，各項目の趣旨に照らして十分満足できる状況にあると判断される場合に，○印を記入する。

総合所見及び指導上参考となる諸事項

　児童生徒の成長の状況を総合的に捉えるため，以下の事項などを文章で箇条書きなどにより端的に記述する。特に⑤のうち，児童生徒の特徴・特技や学校外の活動などについては，今後の学習指導等を進めていく上で必要な情報に精選して記述する。

① 　各教科や外国語活動（小学校のみ），総合的な学習の時間の学習に関する所見

② 　特別活動に関する事実及び所見

③ 　行動に関する所見

④ 　進路指導に関する事項（中学校のみ）

⑤ 　児童生徒の特徴・特技，部活動（中学校のみ），学校内外におけるボランティア活動など社会奉仕体験活動，表彰を受けた行為や活動，学力について標準化された検査の結果等指導上参考となる諸事項

⑥ 　児童生徒の成長の状況にかかわる総合的な所見

　記入に際しては，児童生徒の優れている点や長所，進歩の状況などを取り上げることに留意する。ただし，児童生徒の努力を要する点などについても，その後の指導において特に配慮を要するものがあれば端的に記入する。

　なお，児童生徒の学習意欲などの学びに向かう力を高め，その後の学習や発達を促していくためには，児童生徒のよい点をほめたり，さらなる改善が望まれる点を指摘したりするなど，児童生徒の発達の段階などに応じ，励ましていくことが重要である。このため，観点別学習状況の評価や評定を目標に準拠した評価として行う際には，そこでは十分示し切れない，児童生徒一人一人のよい点や可能性，進歩の状況などについても，積極的に児童生徒に伝えるとともに，個人内評価の結果として「総合所見及び指導上参考となる諸事項」に記入することが重要である。

05 取扱い上の留意事項① 進学・転学・転入学

進学の場合

　生徒が進学した場合，当該学校の校長は，当該生徒の指導要録の抄本又は写しを作成し，進学先の学校長に送付する。

　抄本とするか写しとするかは，同一地区内で個々の市町村や学校でまちまちとならないよう，都道府県教育委員会のレベルで統一を図ることが望ましい。また，ほかの都道府県へ進学する場合は，送付する学校側は機械的に自地区の方針で作成・送付するのではなく，受け入れ校側がどちらを求めているかを確認してから作成・送付するという配慮が必要となろう。

　コピー機の普及に伴い，写しの作成・送付が多いのが現況と推測されるが，指導要録の電子化が進めば，必要な情報を抜粋した抄本の作成も容易になると考えられる。抄本を作成する場合の様式については，国からは別段示されていないので各地域において工夫する必要がある。その様式を決定する権限は公立学校にあっては第一義的に市町村教育委員会にあるので，市町村教育委員会が一定の様式を示すことが望ましい。

転学の場合

　生徒が転学した場合には，原本の写しを作成し，それを転学先の校長に送付する。転入学してきた生徒がさらに転学した場合には，原本の写しのほか，転入学してくる前に在学していた学校から送付を受けた写しも次の転学先の校長に送付することとなっている。これらの場合，小学校から送付を受けた抄本又は写しも転学先の校長に送付する（学校教育法施行規則第24条第3項）。また，児童自立支援施設から移ってきた生徒が転学した場合には，児童自立支援施設から送付を受けた，指導要録に準ずる記録の写しも送付する。

　したがって，生徒が転学した場合，当該学校に残るのは，生徒がその学校に在学した期間中のことについて記録した指導要録の原本のみとなる。この指導要録の原本には，「転学・退学等」の欄に転学に伴う所要の事項を記入の上，校

指導要録送付の経路【参考例】

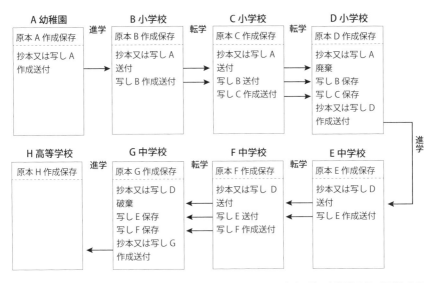

出典： 無藤隆・石田恒好・吉冨芳正・石塚等・服部環・宮本友弘・鈴木秀幸（編著） 新指導要録の解説と実務・中学校　図書文化. p41

長及び学級担任が押印して，以後それを学校に保存しておくこととなる。

転入学の場合

　生徒が転入学してきた場合には，当該生徒が転入学した旨及びその期日を，速やかに，前に在学していた学校の校長に連絡し，当該生徒の指導要録の写しの送付を受けることとなる。なお，この場合，校長は，新たに当該生徒の指導要録を作成すべきであって，送付を受けた写しに連続して記入してはならない。

　つまり，生徒を受け入れた学校は，新たに当該生徒に係る指導要録を作成し，「学籍に関する記録」の必要な各欄（学校名及び所在地，校長氏名印・学級担任者氏名印，生徒，保護者，転入学の欄など）について記入しておき，以後必要事項はこの指導要録に記入していくこととなる。前の学校から送付された指導要録の写しに連続して記入してはならないのであって，その写しは新しく作成した指導要録と併せてとじておく。

06 取扱い上の留意事項② 編入学・退学

編入学等の場合

「編入学等」の場合としては，①生徒が在外教育施設や外国の学校から編入学してくる場合，②就学義務の猶予・免除の事由がなくなったことにより就学義務が生じて学校に就学してきた場合，などがある。

これらの場合は，当該生徒が編入学等をしてきた日以後の指導要録を作成するが，その際，以前の教育状況を把握することは指導上きわめて大切である。

そこで，在外教育施設や外国にある学校から編入学してきた場合も，校長はできればその間の履修状況の証明書や指導に関する記録の写しの送付を受ける必要がある。

退学等の場合

生徒が当該の中学校を退学することになった場合には，学校は，指導要録の「転学・退学等」の欄に必要な事項を記入して，以後それを保存すればよい。ただし，在外教育施設や外国の学校に入るために退学した場合などについては，実質的には教育の継続であるから，できるだけ生徒のために便宜を図り，教育上の連携を図ることが望ましい。

生徒が在外教育施設や外国の学校に入るために退学した場合においては，その学校が日本人学校やその他文部科学大臣が指定した在外教育施設であるときは「進学」及び「転学」の場合に準じて指導要録の抄本又は写しを送付し，それ以外の学校などであるときは求めに応じて適切に対応する。

「転学・転入学」と「退学・編入学」の違い

	自校から 出て行く	自校へ 入ってくる
同じ校種間で 例）中学校 ⇔ 中学校	転学	転入学
違う教育機関の間で 例）中学校 ⇔ 在外教育施設（※）	退学	編入学

※ 在外教育施設とは

　在外教育施設とは，海外に在留する日本人の子どものために，学校教育に準じた教育を実施することを目的として海外に設置された教育施設であり，①日本人学校，②補習授業校，③私立在外教育施設，に分けられる。

　日本人学校は，国内の小中学校又は高等学校と同等の教育を行うことを目的とする全日制の教育施設である。海外に約90校あり，約2万人が学んでいる。原則的に国内の学習指導要領に基づき，国内で使用されている教科書が用いられている。補習授業校は，現地の学校やインターナショナルスクール等に通学している日本人の子どもに対し，一部の教科について日本語で授業を行う教育施設である。私立在外教育施設は，国内の学校法人等が母体となり海外に設置した全日制教育施設である。

　参考：文部科学省「在外教育施設の概要」

　　　　https://www.mext.go.jp/a_menu/shotou/clarinet/002/002.htm

07 取扱い上の留意事項③
学校統合・学校新設等・保存期間

学校統合，学校新設等の場合

　学校統合，学校新設等の場合に，学校名及び所在地の変更として取り扱うか，転学及び転入学に準じて取り扱うかは，実情に応じて教育委員会が定めることとなろうが，参考として右に，考えられるいくつかのケースを示した。

保存期間

①　原本及び写しの保存

　指導要録の原本及び転入学の際に送付を受けた写しは，「学籍に関する記録」については20年間，「指導に関する記録」については5年間保存することされている（学校教育法施行規則第28条第2項）。各学校においては，プライバシー保護の観点からも，保存期間経過後の指導要録は廃棄するなど，適切な措置がとられることが求められている。

　保存期間の始期については，生徒が卒業した場合は，その卒業の日以後，定められた期間保存することとなる。また，中途でほかの学校に転学した場合は，転学した日（転学先の学校が転入学を認めた日の前日）以後，この定められた期間，当該学校の作成に係る指導要録を保存することとなる。外国にある学校などへ入るための退学や，学齢を超過している生徒の退学など，就学義務の猶予・免除がなされた場合，あるいは生徒の居所が1年以上不明の場合の指導要録は，退学した日又は在学しない者と認められた日以後，この定められた期間保存することとなる。

②　卒業した学校から送られてきた抄本又は写しの保存

　生徒が小学校から中学校に進学してきた場合には，指導要録の抄本又は写しが送付されてきているが，この抄本又は写しの保存義務年限については法令上は特に定めておらず（学校教育法施行規則第28条第2項），生徒が当該中学校に在学している間保存すればよいこととされている。小学校時代の状況は中学校で指導上利用されれば目的は達成されるのであり，公簿としては小学校に保

24

学校統合・新設時の指導要録の扱いは？

転学・転入学として取り扱う場合

①	学校廃止	→	1校又は数校の他校へ生徒が異動
②	A校及びB校廃止	→	新設C校へ
③	通学区の変更など	→	1校又は数校の他校へ生徒の一部が異動
④	新設校の開校	→	1校又は数校の生徒のうちの一部が異動

　この場合，原本それ自体を生徒と共に移すこともある。その場合には，教育委員会において原本の所在地を明確にしておく必要がある。

　なお，学校が廃止になった場合の指導要録については，公立学校の場合は当該学校を設置していた市町村教育委員会が，私立学校の場合は当該学校を所管していた都道府県知事が保存する（学校教育法施行令第31条）。

学校名，所在地変更として取り扱う場合（生徒の異動がない場合）

①	A校が校名変更	→	新しい校名に
②	A校がB校の分校に	→	B校に
③	A校の分校が独立	→	新しい校名に
④	A校の移転	→	A校のまま所在地のみ変更
⑤	A校の移転及び校名変更	→	新しい校名にして，所在地も変更

　この場合は，「学校名及び所在地」の欄を訂正する。

存されているのであるから，進学先の学校で卒業後までもいたずらに保存する必要はないからである。

　なお，学校が廃止になった場合は，公立の学校にあっては市町村教育委員会，私立の学校にあっては都道府県知事が指導要録関係の書類を引き継いで保存することとなっているが（学校教育法施行令第31条），その場合の保存期間は，保存を要する期間から，当該学校においてこれらの書類を保存していた期間を控除した期間である（学校教育法施行規則第28条第3項）。

08 記入上の留意事項

全般的な留意事項

　指導要録の記入に当たっての全般的な留意事項は『通知』には示されていないが，以下のようなことが一般的な留意事項といえよう。

① 記入に当たっては，原則として常用漢字及び現代かなづかいを用いる。ただし，固有名詞はその限りではない。数字は算用数字を用いる。楷書で正確に記入する。

② 記入に当たっては黒インクを用い，不鮮明なものや変色するものは避ける。学校名・所在地などにゴム印を用いるのは差し支えないが，その場合は，明瞭な印を用い，スタンプインクの質も20年間の保存に耐えうるものを用いる。

③ 記入事項に変更があった場合には，その都度記入する。「学校名及び所在地（分校名・所在地等）」「校長氏名印」「学級担任者氏名印」「生徒」及び「保護者」の「現住所」など，場合によって変更又は並記する必要の生じる欄については，あらかじめその欄の上部に寄せて記入する。

④ 変更の必要が生じた場合は，その事項に２本線を引いて，前に書かれた部分が読み取れるようにしておく。変更には認印は不要だが，記入事項の誤記を訂正する場合には，訂正箇所に記入者（学級担任者）の認印を押したほうがよい。訂正に用いる認印はできるだけ小さいものが望ましい。

ICT（情報通信技術）の活用による指導要録の作成

　指導要録の作成，保存，送付にICTを用いることは，現行の制度上でも可能であり，今回の『通知』では，教師の勤務実態を踏まえ，指導要録の作成に係る事務負担軽減の観点から，その活用が推奨されている。

　ICTを活用して指導要録を作成する場合，「学籍に関する記録」の校長及び学級担任者の氏名記入と押印については，電子署名を行うことで替えることができる。

指導要録各欄の記入時期

記入時期	記入する欄
入学時	様式1（学籍に関する記録） 「生徒」「保護者」「入学前の経歴」「入学・編入学等」 「学校名及び所在地」（分校名・所在地等）
年度初め	様式1（学籍に関する記録） 「校長氏名印」「学級担任者氏名印」　※氏名のみ 様式2（指導に関する記録） 「生徒氏名」「学校名」「学級」「整理番号」
年度末	様式1（学籍に関する記録） 「校長氏名印」「学級担任者氏名印」　※押印のみ 様式2（指導に関する記録） 「各教科の学習の記録」「特別の教科 道徳」 「総合的な学習の時間の記録」「特別活動の記録」 「行動の記録」 「総合所見及び指導上参考となる諸事項」「出欠の記録」
卒業時	様式1（学籍に関する記録） 「卒業」「進学先・就職先等」
事由発生時	様式1（学籍に関する記録） 「入学・編入学等」「転入学」「転学・退学等」 ※その他，各欄のうち必要な事項 （例：生徒又は保護者の姓の変更等）

09 障害のある生徒の 指導要録の留意事項①

障害のある生徒の評価の基本

　障害のある生徒の評価は，障害のない生徒の評価の考え方と基本的に変わりがない。個々の生徒の状況に応じた評価方法の工夫改善を通じて，各教科などの目標や内容に応じた学習状況を適切に把握し，指導や学習の改善に生かしていくことを基本に，それぞれの実態に応じた対応が求められる。そこで，障害のある生徒に係る学習評価については，一人一人の障害の状態などに応じた指導と配慮及び評価を適切に行うことが前提となる（『報告』，平成31年）。

特別支援学校の生徒の指導要録

　特別支援学校に在籍する生徒の指導要録（指導に関する記録）について，『通知』に次のことが示されている。これは，特別支援学級に在籍する生徒，通級による指導を受けている生徒，通常学級において特別な配慮を必要としている生徒についても，配慮事項として押さえておきたい。

◎　特別支援学校（視覚障害，聴覚障害，肢体不自由又は病弱）中学部における指導に関する記録については，中学校における指導に関する記録に記載する事項に加えて，自立活動の記録について学年ごとに作成するほか，入学時の障害の状態について作成する。

◎　特別支援学校（知的障害）中学部における指導に関する記録については，各教科の学習の記録，特別活動の記録，自立活動の記録，道徳科の記録，総合的な学習の時間の記録，行動の記録，総合所見及び指導上参考となる諸事項並びに出欠の記録について学年ごとに作成するほか，入学時の障害の状態について作成する。

◎　指導に関する記録を作成するに当たって，個別の指導計画における指導の目標，指導内容等を踏まえた記述となるよう留意する。また，生徒の障害の状態等に即して，各教科等を合わせた指導を行った場合は，その教育課程や観点別学習状況を考慮し，必要に応じて様式などを工夫して，その状況を適

切に端的に記入する。

◎　特別支援学校（知的障害）中学部における各教科の学習の記録については，各教科の目標，内容に照らし，各教科の評価の観点及びその趣旨を踏まえ，具体的に定めた指導内容，実現状況等を箇条書きなどにより文章で端的に記述する。

◎　自立活動の記録については，個別の指導計画を踏まえ，以下の事項などを端的に記入する。

(1)　指導目標，指導内容，指導の成果の概要に関すること

(2)　障害の状態等に変化が見られた場合，その状況に関すること

(3)　障害の状態を把握するため又は自立活動の成果を評価するために検査を行った場合，その検査結果に関すること

◎　交流及び共同学習を実施している生徒について，その相手先の学校名や学級名，実施期間，実施した内容や成果などを端的に記入する。

◎　入学時の障害の状態について，障害の種類及び程度などを記入する。

一人一人のニーズに合わせて対応しよう！

10 障害のある生徒の 指導要録の留意事項②

障害のある生徒の指導要録の記入

　障害のある生徒の指導に当たっては，教師が当該生徒の障害の状況・程度などを正しく把握するとともに，効果的な指導法や配慮事項についての情報を収集した上で的確に活用することが求められている。この実現のためには，指導の過程や結果を要約した指導要録を作成し，適切に活用することがきわめて重要である。

通級による指導を受けている生徒

　障害のある生徒のうち，通級による指導を受けている生徒については，通級による指導を受けた学校名，通級による指導の授業時数，指導期間，指導の内容や結果などを，「総合所見及び指導上参考となる諸事項」に端的に記入する。なお，通級による指導の対象となっていないが教育上特別な支援を必要とする生徒についても，必要に応じ，効果があったと考えられる指導方法や配慮事項を端的に記入する。

　今回の『通知』には，「通級による指導を受けている児童生徒について，個別の指導計画を作成しており，通級による指導に関して記載すべき事項が当該指導計画に記載されている場合には，その写しを指導要録の様式に添付することをもって指導要録への記入に替えることも可能とする」ことが明記された。イメージを右ページに示す。

特別支援学級

　特別支援学級に在籍してる生徒については，個別の指導計画が作成されており，個々の生徒の障害の状況に応じた指導が行われている。指導要録の様式は，特に必要がある場合には，特別支援学校の指導要録に準じて作成する。その際，記述の仕方は特別支援学校における評価方法などを参考にする。

個別の指導計画と指導要録の関係

それぞれの書類は別々に作成することになっているが，同様の内容をそれぞれに記入するようなケースもある。

二つに共通する記入事項については，記入済みの個別の指導計画を指導要録の様式に添付することで，当該部分の要録への記入を省略することができる。

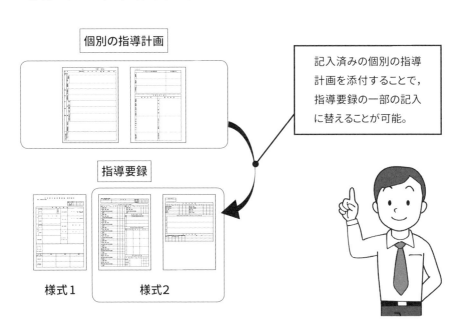

記入済みの個別の指導計画を添付することで，指導要録の一部の記入に替えることが可能。

31

【学習・行動に関するキーワード①】

生徒の姿	キーワード
明るい子・ 活発な子	明るい／朗らか／明朗／快活／陽気／気さく／ひょうきん／外交的／社交的／話好き／ユーモアがある／活動的／生き生きしている
意志の強い子	自制心がある／自分をコントロールできる／自省心がある／人を頼らない／人に左右されない／周りに流されない／信念がある／芯が強い／意思が強い／自己主張できる／有言実行
一生懸命 がんばる子	ひたむき／コツコツ／一歩一歩／真剣／真摯／一心／熱心／懸命／一生懸命／労を惜しまない／努力家／勉強家／がんばり屋
意欲的な子	自ら／進んで／好んで／自発的／能動的／積極的／進取／積極的／活動的／意欲的／好奇心旺盛／向上心がある／前向きな／学習意欲がある／進んで発言する
温和な子	優しい／おとなしい／温かい／おだやか／なごやか／温和／穏和／柔和／温厚／落ち着いている／マイペース
学習成果が 上がってきた子	潜在的能力がある／よく努力している／探究心旺盛／何事にも意欲的／よく考える／学習習慣ができている／予習・復習をよくする／体験学習で力を発揮する／基礎・基本が身に付いている
学習面で 優れている子	●課題を自ら発見する／課題解決力に優れている／身近な生活と結び付けて考える／生活に生かす ●批判的思考力がある／客観的に判断できる／多面的に考察できる／論理的に考えられる／筋道立てて考えられる／観察力がある ●知識が豊富／ものしり／理解が早い／記憶力がいい ●表現力が豊か／独創的／感受性が豊か ●発想が豊か／ひらめきがよい／着眼がよい／柔軟である ●資料活用が巧み／整理がうまい／作業が速い／手際がいい／人前での発表が得意／要点を押さえている ●読書力がある／計算が速い／音楽的才能がある／造形的・美術的才能がある／コンピューターのスキルがある ●基礎・基本ができている／応用力がある
家庭学習を よくする子	家庭学習が充実している／宿題や学習準備をきちんとやる／予習・復習をきちんとやる／よく読書している
寛大な子	寛大／寛容／おおらか／度量が大きい／心が広い／こだわらない／包容力がある

学習評価の
基礎知識

▷ 2 章 記入までに準備すること

11 1年を通した評価の流れ

時期とねらいに応じた3種類の評価

　新指導要録の様式2（指導に関する記録）には，学年末に行う総括的評価を記入する。そこに至るまでに，様々な評価を積み重ねていくことが必要である（図1）。各単元における評価を，各学期末で取りまとめ，さらにそれらを取りまとめ，最終的な評価とする。

　学習評価はその時期とねらいによって，診断的評価，形成的評価，総括的評価の3種類に分けることができる。

　診断的評価は，学年あるいは単元の初めなどに実施する。学年の初めに行う場合，主として個々の生徒の学力や知能，適性，パーソナリティなどを把握することがねらいとなる。標準検査の結果や前学年の指導要録を活用して授業の方法を考えたり，個別的な配慮が必要な生徒を確認したりする。単元の初めに行う場合，主としてこれから学ぶ単元に必要な準備状態を把握することがねらいとなる。

　形成的評価は単元の学習中に実施する。指導要録で示された評価の観点を用い，生徒の学力の形成状況を評価する。教師は評価結果を生徒に適宜フィードバックし，学習方法の助言などを行い，教師は指導の改善や調整を行っていく。

　総括的評価は，単元終了時や学期末，学年末に実施する。学習の達成度を総合的に評価することが主なねらいとなる。各単元，各学期末の総括的評価が積み重なり，学年末にその学年における総括的評価を行うという流れとなる。

情報通信技術の活用による指導要録などの校務の改善

　最近では，統合型校務支援システムが広く利用されるようになり，また，その機能が高度化することによって，教師が評価にかける心的・時間的負担感は減少し始めている（図2）。情報通信技術の活用により，評価のための情報蓄積（とその整理）が容易化することによって生じる余裕を，生徒一人一人への学習状況のフィードバックや教師の指導方法や指導内容の見直しに向けていきたい。

評価はどのように進めるの？

1年を通した評価の流れ（図1）

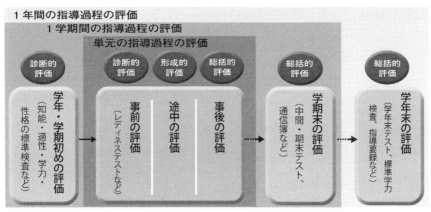

出典： 長瀬荘一　2006　1年間の評価の仕事　北尾倫彦（編）　図でわかる教職スキルアップシリーズ3
学びを引き出す学習評価　図書文化．p33

統合型校務支援システムに蓄積されていくデータの流れ（図2）

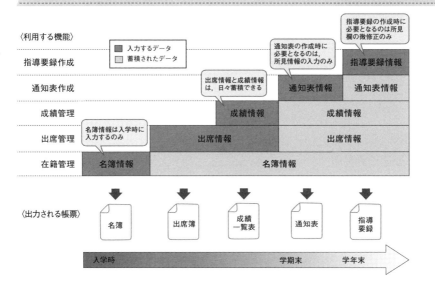

出典： 文部科学省　2018　統合型校務支援システムの導入のための手引き．p28

12 目標準拠評価と個人内評価

観点別評価は目標に準拠した絶対評価で

観点別評価は，目標準拠評価で行う。集団準拠評価のように，生徒集団における相対的な位置を見て評価を行う相対評価ではなく，目標の達成度を見て評価を行う絶対評価である。競争的意味合いを除いた，教育の本来的な評価と言える。しかし，「手順が煩雑であり，解釈が恣意的になる」（表1）とあるように，注意を要する方法である。評価規準と評価基準の設定が必要となる。

評価規準とは，教科や単元において何を評価するかを表示したものである。一方，評価基準とは，評価規準で表示されたものがどれだけ達成されているかを表示するものさしのことである。

髙木（2019）によると，「新学習指導要領の『2内容』には，評価の対象となる具体の指導『事項』が示されている」という。評価規準の作成が容易化されたと言ってよい。髙木の示唆にしたがって，各単元の評価規準の作成を図示したものが図1である。

評定になじまない項目は個人内評価で

新指導要録においては，「総合所見及び指導上参考となる諸事項」はもちろん，「特別の教科　道徳」でも，個人内評価を主とした文章による記載（記述式）が基本である。個人内評価は各生徒の個性を重視し，長所の伸びや短所の改善を意図して行われる。

個人内評価には縦断的評価と横断的評価の2種類がある。以下は表記例。

① 　縦断的評価例

国語が全体的に苦手であったが，朝の読書を中心に1年間で50冊を読み，語彙力や読解力が次第に身に付き，国語の成績が向上した。

② 　横断的評価例

他の教科に比べ，理科が得意であり，授業時間以外にも観察や資料収集をすることが多く，合理的で客観的な科学的思考に優れている。

どんな評価方法があるの？

評価方法の長所と短所（表1）

	集団準拠評価	目標準拠評価	個人内評価	
			縦断的評価	横断的評価
基準の立て方	相対的な位置	目標の達成度	進歩の程度	個人内での比較
長　所	客観性が高い	指導・学習に生きる	努力を促す	個性の自覚を促す
短　所	集団によっては適用が困難な場合や好ましくない場合がある	手順が煩雑であり，解釈が恣意的になる	これだけでは不十分であり他の評価を併用する必要がある	

出典：　北尾倫彦　2006　学習評価とは　北尾倫彦（編）　図でわかる教職スキルアップシリーズ3 学びを引き出す学習評価　図書文化，p19

学習指導要領に基づく評価規準の作成（図1）

学習指導要領の第2章各教科では，多くの教科が「2内容」において，「知識及び技能」「思考力，判断力，表現力等」を示している。それを用いて評価規準を作成することができる。

【知識・技能】
「知識及び技能」に関する記述の中から，その単元や題材で育成すべき資質・能力に当たるものを選び，その単元や題材の「知識・技能」の評価規準とする。

評価規準としての書き換え例「〜を理解している」「〜の知識を身に付けている」「〜することができる」「〜の技能を身に付けている」など。

【思考・判断・表現】
「思考力，判断力，表現力等」に関する記述の中から，その単元や題材で育成すべき資質・能力に当たるものを選び，その単元や題材の「思考・判断・表現」の評価規準とする。

評価規準としての書き換え例「〜したり，〜したり，〜したりしている」「〜したり，〜したりしている」「〜している」など。

【主体的に学習に取り組む態度】
「知識及び技能」「思考力，判断力，表現力等」の中の，それぞれの重要な要素を取り出し，「知識及び技能」を身に付け「たり（るとともに）」，「思考力，判断力，表現力等」を「〜しようとしている」として示す。

評価規準としての書き換え例「〜しようとしている」「〜したり（するとともに），〜しようとしている」など。

出典：　髙木展郎　2019　評価が変わる，授業を変える　三省堂（p64-66）　をもとに作成

13 観察による 評価材料の収集

　評価材料を収集する方法として，第一に，教師による生徒の観察がある。観察では，逸話記録法，チェックリスト法，評定尺度法などが用いられる。

逸話記録法

　授業中や休み時間などに生徒を観察し，特徴的な行動を簡潔に記録する方法である。例えば，「昼休みに鉄棒の練習を続けている」「数学の時間に挙手することがなかったが，割合の単元で初めて挙手をした」など，生徒の特徴や変化を記す。その子らしさ（個性）の理解に有効とされている。記録には解釈や意見を加えず，事実を淡々と書くことが重要である。解釈や意見を記す際は欄を分けて書くと，のちに資料として利用する際に誤解が生じることなく参考にできる。

チェックリスト法

　観察をする際に，目にすることが予想される行動のリスト（右ページのチェックリスト参照）を作成しておいて，生徒がそれぞれの行動を示すたびにチェックをする方法である。チェックリストさえうまく作成できれば，簡単で，正確に資料を収集することができる。チェックリストの作成がこの方法の成否を左右するため，教師同士で協力して作成するほか，学校の評価委員会などで作成することが望ましい。

評定尺度法

　評価する対象について，具体的な基準を設けて，それに当てはめて評定をする方法である。例えば，約束を守るということに関して，「十分満足できる状況」（必ず約束を守る），「おおむね満足できる状況」（ほぼ約束を守る），「努力を要する状況」（約束をほとんど守らない）というように，基準を設けて評定をするのがこの例である。

　「十分満足できる状況」の例は，「特別活動の記録」（82 〜 87ページ）と「行動の記録」（90 〜 99ページ）に掲載しているので参照されたい。

観察のポイントは？

例：チェックリスト法の場合

「責任感」についてのチェックリスト					
氏　名	約束を守る	自分でやるべきことをする	言動に責任をもつ	仕事を最後まで果たす	信頼される行動をとる
① 青山緑	✓✓✓	✓✓	✓✓	✓	✓
② 山吹徹	✓✓	✓	✓✓		
③ 水谷葵		✓✓	✓		
④ 赤木旬				✓✓	✓

それぞれの行動を示すたびにチェックを重ねていく。

観察では，主観に偏らないよう，観察の基準を定めたり，ほかの教師など複数の目を入れたりしよう。

14 面談による 評価材料の収集

　評価材料収集の第二の方法に，面談がある。面談の種類には，教師による生徒との面談，保護者との面談，生徒のクラスメイトとの面談などが考えられる。

生徒本人との面談

　観察はあくまでも生徒の行動（学習行動や対人行動など）を明らかにする方法であるため，その行動がどのような経緯で生じたのかや，その結果としてどのような状況になったのかまでは理解が難しい。生徒本人と面談することによって，そうした点をある程度明らかにすることができる。ただ，強引に生徒の心の中に踏み込むようなことは避けるべきである。

保護者との面談

　生徒の行動を理解する際には，家庭での保護者との関係がどのようであるかも，重要な資料となる。そのため，保護者との面談も有効である。また，生徒の理解と保護者の理解が異なることもあるため，その理由などを探索することもできる。ただ，評価者である教師に対してすべての保護者が何でも話してくれるわけではないので，その点は謙虚でなければならない。

クラスメイトとの面談

　教師は，学級の生徒のことは何でも理解していると思いがちであるが，学級の生徒と面談してみると，意外に知らないことが多い。そこで，ターゲットとなる生徒のことについて，ほかのクラスメイトに面談して聞いてみたり，さらには学級を超えて学校内の友達と面談して（あるいはほかの教師に協力してもらい）話を聞いてみたりすると，新たな発見がある。

　面談で重要なことは，相手となる生徒本人，保護者ならびにクラスメイトとの間にできるだけ信頼関係を築いておくことである。信頼関係があればそれぞれの本音を聞くことができる。面談場面でも相手の話に誠実に耳を傾けること（傾聴）によって，本音に近い情報を得ることができる。なお，いずれの面談でもプライバシーの保護には十分配慮する必要がある。

面談のポイントは？

> ## 例：国語が伸び悩む児童生徒の情報を集める場合

※本人との
　面談の例

> さっきの国語の時間，少しぼんやりしていたようだけど，何か心配事がある？

・授業の合間に声をかけるような，気軽な面談（会話）も取り入れる。

・込み入った話をする場合は，ほかの児童生徒の耳に入らぬよう注意する。

※保護者との
　面談の例

> 理科が伸びている一方，国語の漢字に苦手意識があるようです。家庭での予習・復習の状況はいかがでしょうか？

・家庭の事情や状況には注意して話をする。

※クラスメイト
　との面談の例

> ○さんと一緒に熱心に音読活動に取り組んでいるね。調子はどうかな？

・別の児童生徒から情報を集めるので，個人情報の取扱いに特に注意する。

15 質問紙による評価材料の収集

アンケート調査，心理学の研究などでよく用いられる性格・行動傾向・社会性などを測定する質問紙，さらには標準化された心理検査など，質問紙を用いて，生徒の行動や気持ちを客観的に評価することができる。

アンケート調査

一般に事実を問うことに優れた調査方法である。例えば，「朝食を取ってきたか」，家では「予習や復習」をしているか，などの質問である。こうした事実を問うアンケート調査であれば，小学校低学年でも実施できる。ただ，小学校低学年の場合には，回答の仕方は「はい」「いいえ」などの簡単なものが望ましい。高学年以上になれば，「あてはまる」「まああてはまる」「あまりあてはまらない」「あてはまらない」などの多肢選択法も可能になる。

質問紙調査

主に心の状態（気持ち）などを問う心理学的な質問紙は，小学校4年生くらいから実施できる。例えば，「朝起きると，登校したくないと思うことが多い」「クラスメイトの話や行動が気になって仕方がない」などの質問はこの例である。教師にこうした質問紙調査をされると，多くの生徒はその結果が評価の対象になることを意識するため，生徒と教師の間に信頼関係が必要である。

質問紙を実施する際に「正直に答えてください」というような教示をすることもあるが，それは「社会的に望ましいとされる反応」（例えば，「思いやりがある」という問いに，なくても「はい」と答えやすい）を排除するためである。このような反応が疑われるときは面談や観察による情報の収集も必要である。

標準化された検査

結果の解釈が容易で，信頼性や妥当性を伴っている標準化された検査では，認知能力検査（知能検査），道徳性検査，行動・性格検査などが販売されている。特に経験が浅く，教育評価が不得手な教師の場合には，重要な評価資料となる。定期的な実施による経時的評価にも適している。

質問紙のポイントは？

事実を問う質問例（アンケート調査）

・あなたは，毎日朝食を食べていますか。

あてはまる　まああてはまる　あまりあてはまらない　あてはまらない

・あなたは，毎日家で予習をしていますか。

あてはまる　まああてはまる　あまりあてはまらない　あてはまらない

心の状態を問う質問例（質問紙調査）

・あなたは，自分の仕事をしんぼう強くやりとげるほうですか。

□　いつもしんぼう強くやりとげる

□　ときにはいやになってとちゅうでやめることもある

□　すぐいやになってやめることが多い

標準化された検査には
どんなものがあるだろう。
105ページを参照しよう。

【学習・行動に関するキーワード②】

生徒の姿	キーワード
気が強い子	気が強い／負けず嫌い／負けん気が強い／気丈／しっかりしている／たくましい／不撓不屈
きちょうめんな子	きちょうめん／規律正しい／けじめがある／きちんと／ちゃんと／よく気が付く／折り目正しい／礼儀正しい／決まりを守る／忘れ物をしない
勤勉な子	まめ／勤勉／労を惜しまない／陰ひなたなく／献身的／進んで働く／人に尽くす／努力家／勉強家／がんばり屋
元気のいい子	活発な／エネルギッシュ／バイタリティーがある／元気がある／伸び伸び／生き生き／やる気がある／活気がある
公平な子	公平／公正／公明正大／差別をしない／フェアプレー／私心がない／正義感が強い／視野が広い
自主性・計画性のある子	自律的／計画的／主体的／課題をもって／目標をもって／向上心旺盛／自己統制力がある
集中力・根気のある子	地道／真剣／熱心／集中力がある／ひたむき／一心不乱／コツコツ／根気強い／粘り強い／持続力がある／むらなく
純粋な子	純真／ナイーブ／純情／清純／清い／純粋／無垢／善良／純朴／素朴
親切な子・思いやりのある子	親切／優しい／温かい／思いやりがある／友情に厚い／情け深い／情が細やか／献身的／相手の立場に立って／親身になって／面倒見がいい／協調性がある／協力し合える
素直な子	素直／誠実／正直／お人よし／まっすぐ／実直／律儀／義理堅い
責任感のある子	責任感がある／全力を尽くす／最後までやり遂げる／言い訳をしない／責任転嫁しない／言行一致
創意工夫できる子	好奇心が旺盛／柔軟な発想／多面的な考察／自分らしさ／センスがある／既成の概念や価値にとらわれない
人気のある子	人気がある／ユーモアがある／ひょうきんな／友達が多い／人から好かれる／親しみがある
粘り強い子	粘り強い／我慢強い／辛抱強い／忍耐強い／くじけない／がんばる／最後までやり通す
真面目な子	真面目な／まめ／着実な／誠実／実直／堅実／地道
勇敢な子	勇ましい／きりっと／潔い／りりしい／毅然／正々堂々／勇敢
リーダー性のある子	リーダーシップのある／指導力がある／統率力がある／面倒見がいい／企画力がある／決断力がある／実行力がある／視野が広い／毅然とした／建設的／人望が厚い／信頼されている／先頭に立って／人気者／潔い／貫禄がある／率先して／たのもしい

指導要録の
書き方

16 「生徒」

何を書くか

「生徒」の欄は，生徒の氏名，性別，生年月日，現住所について記入する。原則として学齢簿（注）の記載に基づき記入しなければならない。通称をもつ生徒であっても，学齢簿に従い正式の氏名を記入する。ただし，生徒の氏名に付けるふりがなは学齢簿に記載されていないため，別に家庭調査票などでよく確かめた上で記入する。

性別については，男女いずれか該当する方を記入する。

生徒の現住所に変更があった場合

生徒の転入または転居の届け出があったときには，当該市町村長から教育委員会に通知があり（学校教育法施行令第4条），これに基づいて学齢簿の現住所の訂正が行われる。

学齢簿の現住所に変更があれば，この「生徒」の欄の現住所も訂正する必要があるが，学齢簿の記載事項に変更があった場合の教育委員会と学校相互の通知連絡関係は，法令などでは特に定められていない。学校が生徒から連絡を受けて変更の事実を知ったときは，学齢簿の訂正を確認して，指導要録の記載を訂正する必要がある。

注：学齢簿の編製について
- 市町村の教育委員会は，当該市町村内に住所を有する学齢児童生徒について，住民基本台帳を基に学齢簿を編製する。（学校教育法施行令第1条）
- 学齢簿には，学齢児童生徒の氏名，現住所，生年月日及び性別，保護者の氏名，現住所及び保護者と学齢児童生徒との関係，就学する学校の名称・入学・転学・卒業年月日，その他必要な事項などを記載する。（学校教育法施行規則第30条）
- 学齢簿の作成は，10月1日現在において行う。（学校教育法施行規則第31条）

「生徒」の記入例

入学時

生徒	ふりがな		さとう　　だいき		性別	男
	氏　名		佐 藤　大 輝			
	生年月日		平成18　年　9　月　3　日生			
	現住所		東京都文京区○○1丁目2番3号			

＊現住所の欄は，転居の際に備え，余白ができるように欄の上部に記入する。

＊現住所に変更があった場合には，学齢簿の訂正を確認してこの欄を訂正する。

＊外国人生徒のふりがなは，できるだけ母語発音に近い読み方で記入する。

　例）李 舜臣（イ スンシン）

生徒の現住所に変更があった場合（事由発生時）

生徒	ふりがな		たかはし　　ゆい		性別	女
	氏　名		高 橋　結 衣			
	生年月日		平成18　年　10　月　23　日生			
	現住所		~~東京都文京区○○1丁目4番15号~~ 東京都文京区○○3丁目2番1号			

17 「保護者」

何を書くか

　保護者の「氏名」欄には，生徒に対して親権を行う者を記入する。親権を行う者のいないときは，未成年後見人（注）を記入する。つまり，この欄は，法律上の保護者について記入する欄である。したがって，父母と離れて祖母の家から通っている生徒の場合でも，この欄に記入するのは，祖母ではなく親権者たる父母となる。

　親権者は，一般には父母の二人であるが，この欄に記入する場合には両方を書く必要はなく，そのうちの実質的に親権を行う者を書けばよい。その際，学齢簿の記載と一致を図るようにしなければならない。

　保護者の氏名を記入する際，ふりがなは生徒の氏名同様に，別途に家庭調査票などで調べて記入する。

　「現住所」の欄は，正確に記入しなければならないが，生徒の現住所と同一の場合には，「生徒の欄に同じ」と略記する。こちらも生徒の現住所と同じく，転居に備え上に寄せて記入し，余白を残しておく。

変更等があった場合

　生徒の入学後に記入事項に変更が生じた場合，実態に応じて修正する必要がある。基本は二本線で消除した上で，余白部分に新しい情報を記入することになる。参考までに，「保護者の氏名または現住所に変更があった場合」の記入例を右ページ下段に示す。

注：未成年後見人について

　親権者の死亡・行方不明などにより親権者が不在となった場合，未成年被後見人又はその親族やその他の利害関係人の請求により，家庭裁判所は，親権者に代わって未成年者を保護する未成年後見人を選任する。未成年後見人が不在となった場合も同様となっている。（民法第840条）

「保護者」の記入例

生徒と保護者が一緒に生活している場合

保護者	ふりがな	いとう　　だいすけ
	氏　名	伊　藤　大　輔
	現住所	生徒の欄に同じ

※生徒と保護者が離れて生活している場合

生徒	ふりがな	さとう　　だいき	性別	男
	氏　名	佐　藤　大　輝		
	生年月日	平成18　年　9　月　3　日生		
	現住所	東京都文京区○○1丁目4番15号		
保護者	ふりがな	さとう　　まなみ		
	氏　名	佐　藤　真奈美		
	現住所	山口県山口市○○町2丁目2番28号		

保護者の氏名または現住所に変更があった場合（事由発生時）

保護者	ふりがな	~~いとう　　だいすけ~~　いとう　　ゆうこ
	氏　名	~~伊　藤　大　輔~~　伊　藤　裕　子
	現住所	~~東京都文京区○○1丁目2番3号~~ 東京都文京区○○3丁目2番1号

18 「入学前の経歴」「入学・編入学等」

「入学前の経歴」に何を書くか

　この欄には，例えば，卒業年月日とともに「○○市立○○小学校卒業」というように記入する。外国で受けた教育の実情なども，この欄に記入すればよい。

「入学・編入学等」に何を書くか

　「入学」とは，生徒が中学校の第1学年に初めて就学することを言う。

　いっぽう，「編入学」とは，第1学年の中途又は第2学年以上の学年に入ることを言う。ただし，次のような場合に限られていて，国内のほかの中学校から転校してきた場合は，編入学ではなく「転入学」の扱いになり，記入すべき欄が異なる。

①　在外教育施設や外国の学校等に通っていた生徒が帰国し，中学校に入った場合

②　就学義務の猶予・免除を受けていた生徒が，その事由消滅により就学義務が発生し，中学校に入った場合

入学年月日の考え方

　昭和32年2月25日付け文部省通達「学齢簿および指導要録の取扱について」によると，「入学年月日は，公立学校にあっては，教育委員会が通知した入学期日，その他の学校にあっては，当該学校において通知した入学期日とすること」となっている。つまり，公立学校では市町村教育委員会が通知した入学期日を，私立学校や国立学校ではその学校が定めて通知した入学期日を，それぞれ記入するのである。

　なお，入学年月日は，必ずしも入学式を挙行する日と一致するものではない。例えば，入学すべき日を4月1日と指定し，入学式は2日以後に行う場合でも，入学年月日の記載は4月1日とすることが適当である。

「入学前の経歴」「入学・編入学等」の記入例

「入学前の経歴」

入学前の経歴	平成31年3月31日 文京区立○○小学校卒業

「入学・編入学等」

※新入学の場合

入学・編入学等	令和2 年 4 月 1 日 第 1 学年 入学 <s>第　　学年編入学</s>

＊入学年月日を記入し，「第1学年入学」の文字はそのまま生かして，その下にある「第　学年編入学」の文字は消除する。

※編入学の扱いになる場合

入学・編入学等	令和2 年 9 月 1 日 <s>第 1 学年 入学</s> 　　　　　　　　　　第 2 学年編入学 オーストラリア連邦メルボルン市，現地日本人学校より第2学年に編入学

入学・編入学等	令和2 年 9 月 1 日 <s>第 1 学年 入学</s> 　　　　　　　　　　第 3 学年編入学 ○○の病気が全快し，就学可能になったため，猶予された当時の第3学年に編入学

＊編入学年月日と編入学年を記入し，「第1学年入学」の文字を消除し，余白に編入学の理由や事情等を記入する。

51

何を書くか

　この欄には学校名及び所在地を記入する。学校名については，市立，区立，町立，村立，組合立を省かずに記入する。また所在地は，町名などの変更の場合を考えて余白を残して記入するようにする。

分校の場合

　分校の場合は，本校名及び本校の所在地を記入するとともに，分校名，所在地及び在学した学年を併記しなければならない。指導要録は校長が作成するものとされていることから，学校の本拠たる本校名及び本校の所在地についての記載が当然必要となる。それとあわせて，分校名，所在地及び在学した学年を記入する。

　なお，分校の生徒が途中から本校に通学するようになった場合には，その旨及び年月日を空白部分に記入しておくとよい。

統合による校名変更の場合

　統合による校名変更があった場合は，記入済みの学校名（統合前に所属していた学校名）の下に，新しい学校名（統合後の学校名）を記入する。

この欄の記入にはゴム印の使用が便利！

「学校名及び所在地」の記入例

入学時

学 校 名 及　　び 所 在 地 (分校名・所在地等)	文京区立○○中学校 東京都文京区○○３丁目２番１号

※分校の場合

学 校 名 及　　び 所 在 地 (分校名・所在地等)	下関市立○○中学校 山口県下関市○○町1000番地2 下関市立○○中学校○○分校 山口県下関市○○町2001番地3 第１学年～第３学年

※統合による校名変更の場合

（A校とB校が統合して校名をCとして，B校がA校に移った場合）

A校出身の生徒の指導要録

学 校 名 及　　び 所 在 地 (分校名・所在地等)	文京区立Ａ中学校 東京都文京区○○３丁目２番１号 文京区立Ｃ中学校 (令和２年４月１日統合による校名変更)

B校出身の生徒の指導要録

学 校 名 及　　び 所 在 地 (分校名・所在地等)	文京区立Ｂ中学校 東京都文京区○○１丁目４番１５号 文京区立Ｃ中学校 東京都文京区○○３丁目２番１号 (令和２年４月１日統合による校名及び所在地変更)

20 「学級・整理番号」「校長氏名印・学級担任者氏名印」

「学級・整理番号」に何を書くか

この欄は，毎学年の所属学級や生徒の番号を記入する。整理上の能率化を図るという意味をもっている。

これらは，各学校における指導要録の整理・保存に便利なように設けられているものであり，それぞれの学校の実情に応じた記載方法を工夫することが望ましい。

「校長氏名印・学級担任者氏名印」に何を書くか

この欄は，指導要録の作成を義務付けられている校長の氏名と，記入を担当した教師の氏名とを明らかにし，その責任の所在を明確にするという意味をもっている。

校長及び学級担任者の氏名は，原則として年度初めに記入することとなるが，同一年度内に校長又は学級担任者が代わった場合は，同じ欄内に後任者の氏名を併記することとなっている。

ただし，転入学生徒について新しく指導要録を作成するときには，前校の校長氏名，学級担任者氏名は記入しない。

学級担任者については，女性教師の産前産後の休暇中に臨時的に任用された教師が学級を担当した場合など，比較的短期の学級担任者であってもその氏名を併記しなければならない。その際，氏名のそばに，臨時に担当した期間を括弧書きで記入しておくとよい。

なお，学級担任者を２名置いている場合は，責任を有する主たる立場の教師のみの氏名を記入すればよい。ただし，補佐する副の立場の教師も慣例で記入している場合は踏襲してもよい。

また，氏名印は年度末に押印する。

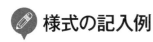

様式の記入例

「学級・整理番号」

区分＼学年	1	2	3
学　　級	3	3	1
整理番号	18	19	17

「校長氏名印・学級担任者氏名印」

年　　度	令和2年度	令和3年度	令和4年度
区分＼学年	1	2	3
校長氏名印	小林　健二	小林　健二	小林　健二 （4～10月） 渡辺　直美 （11～3月）
学級担任者 氏　名　印	鈴木　聡子	鈴木　聡子 （4～8月,11～3月） 宮田　徹平 （9～10月）	加藤　健太

＊校長氏名・学級担任者氏名はゴム印の押印でよい。

＊氏名印は年度末に押印する（56～57ページ参照）。

21 「校長氏名印・学級担任者氏名印」

記入の責任を明らかにする

指導要録の記入責任を明らかにする意味で校長及び学級担任者の押印を行う。指導要録の記入が完結する年度末に押印するのが普通である。ただし，転学・退学等をした生徒については，その時点で指導要録の記入は終わるため，そのときに押印して別に保存することになる。

また，学級担任者の印については，通常の場合，押印するのは正規の学級担任者である。しかし，臨時に学級を担当した教師がたまたま年度末や生徒の転学などで指導要録の記入に当たった場合には，その教師が押印することになる。したがって，年度途中で学級担任者が代わった場合，前任者は押印する必要はない。

電子署名の利用

指導要録の作成，保存，送付に情報通信技術（ICT）を活用することは，現行の制度上でも可能である。書面に代えて電磁的記録を作成する場合には，押印の代わりに電子署名を行う。

電子署名とは，電磁的記録に記録できる情報について行われるもので，その情報を，署名を行った者が作成したということを示すものであると同時に，情報が改変されていないかどうかを確認することができるものである。

「校長氏名印・学級担任者氏名印」の記入例

年　　度	令和2年度	令和3年度	令和4年度
区分＼学年	1	2	3
校長氏名印	小林　健二 ㊞小林	小林　健二 ㊞小林	小林　健二 （4〜10月） 渡辺　直美 ㊞渡辺 （11〜3月）
学級担任者 氏　名　印	鈴木　聡子 ㊞鈴木	鈴木　聡子 ㊞鈴木 （4〜8月,11〜3月） 宮田　徹平 （9〜10月）	加藤　健太 ㊞加藤

押印は，年度末や転学・退学時など，指導要録の記入の終了時に校長・学級担任者が行う（この例では年度末）。

22

「観点別学習状況」

何を書くか

　各教科の学習の記録は，「観点別学習状況（観点）」の評価及び「評定」について記入する。

　観点の欄は，各教科の目標に照らして，その実現状況を観点ごとに評価し記入する。その際，「十分満足できる」状況と判断されるものをＡ，「おおむね満足できる」状況と判断されるものをＢ，「努力を要する」状況と判断されるものをＣのように区別して評価を記入する。選択教科を実施する場合は各学校において観点を定め，記入する。

どのように評価するか

　各教科の学習の記録は，観点別学習状況の評価を基本とすることになっているが，それは学習指導要領に示された目標や内容が達成されたかどうかを評価するには，観点ごとに学習の達成状況をチェックするのが最も適切な方法だからである。個々の学習内容をチェックした結果を記載しただけではまとまった評価情報とは言えないし，一つの評価情報で示したのではおおまかすぎて指導に生かすことが難しい。そこで，観点ごとに目標や内容を分けて，それぞれ評価する方法が採られている。

　評価を行う際は，観点別評価の難しさをよく理解し，それを克服する手立てを講じることが重要である。第一に，目標や内容がおおまかであったり抽象的であっては，その達成状況を正確に捉えるのは難しいし，逆に細かすぎては煩雑になり，いずれも評価情報として役立たない。そこで，単元ごとに目標を細分化，具体化して分析目標をあらかじめつくっておく必要がある。第二に，評価を行う者は，それらの目標をどれだけ達成すれば「十分満足」「おおむね満足」などと判断するかという基準を用意していなければならない。その際，通知の別紙資料「各教科・各学年等の評価の観点等及びその趣旨」（本書第8章に掲載）が参考になる。

「各教科の学習の記録」の記入欄は？

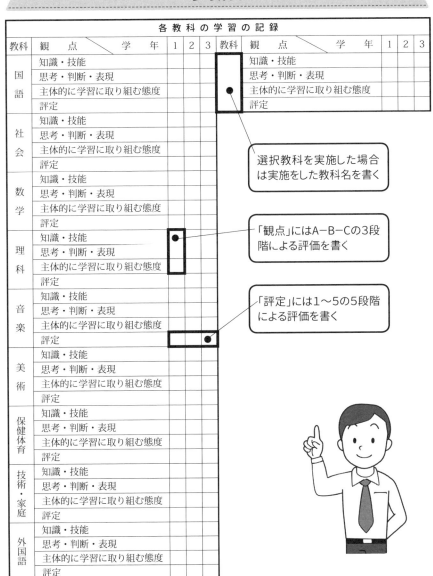

各 教 科 の 学 習 の 記 録											
教科	観 点　　　　　　学 年	1	2	3	教科	観 点　　　　　　学 年	1	2	3		
国語	知識・技能					知識・技能					
	思考・判断・表現					思考・判断・表現					
	主体的に学習に取り組む態度				●	主体的に学習に取り組む態度					
	評定					評定					
社会	知識・技能										
	思考・判断・表現										
	主体的に学習に取り組む態度										
	評定										
数学	知識・技能										
	思考・判断・表現										
	主体的に学習に取り組む態度										
	評定										
理科	知識・技能	●									
	思考・判断・表現										
	主体的に学習に取り組む態度										
	評定										
音楽	知識・技能										
	思考・判断・表現										
	主体的に学習に取り組む態度										
	評定			●							
美術	知識・技能										
	思考・判断・表現										
	主体的に学習に取り組む態度										
	評定										
保健体育	知識・技能										
	思考・判断・表現										
	主体的に学習に取り組む態度										
	評定										
技術・家庭	知識・技能										
	思考・判断・表現										
	主体的に学習に取り組む態度										
	評定										
外国語	知識・技能										
	思考・判断・表現										
	主体的に学習に取り組む態度										
	評定										

選択教科を実施した場合
は実施をした教科名を書く

「観点」にはA－B－Cの3段
階による評価を書く

「評定」には1～5の5段階
による評価を書く

23 「評定」

何を書くか

評定の欄には，各教科の目標に照らして，その実現状況を総括的に評価した結果を記入する。必修教科の評定は，各教科の目標に照らして，その実現状況を「十分に満足できるもののうち，特に程度が高い」状況と判断されるものを5，「十分満足できる」状況と判断されるものを4，「おおむね満足できる」状況と判断されるものを3，「努力を要する」状況と判断されるものを2，「一層努力を要する」状況と判断されるものを1のように区別して評価を記入する。選択教科を実施する場合は，各学校が評定の段階を決定し記入する。

評定の適切な決定方法などについては，各学校において定める。

どのように評価するか

評定は各教科の学習の状況を総括的に評価するものであり，「観点別学習状況」において掲げられた観点は，分析的な評価を行うものとして，各教科の評定を行う場合においても基本的な要素となるものである。これは「評定」の場合も学習指導要領に示された目標の実施状況を評価するという趣旨からである。したがって，具体的には，「観点別学習状況」での評定値（**A**，**B**，**C**）から「評定」の評定値（**1**，**2**，**3**，**4**，**5**）を算出する手順がその趣旨に合致するであろう。評定を導く手順としては，例えば右に挙げる方法が考えられる。

ただし，右ページに挙げた方法などによってどれだけ慎重に評定値を求めても，その客観性，信頼性を確保するためには，ほかの相対評価資料によって補正することが必要な場合もある。標準化された学力検査や全国的，または全県的に実施されたテスト結果と比べることによって，大きくずれていないかどうかを判断することが考えられる。もちろんピッタリと合致する必要はないが，大幅にずれているときなどは，その原因を考えてみるべきであろう。もっともな原因がないときには補正し，誰にも納得してもらえる評定値になるように心がけたい。

観点別評価から評定へ

３観点のパターンから導き出す方法

A・B・Cの数	典型的なパターン	５段階試案
A ３個	A A A	5（または4）
A ２個・B １個	A A B	4
A ２個・C １個	A A C	4（または3）
A １個・B ２個	A B B	3
A １個・B １個・C １個	A B C	3
B ３個	B B B	3
A １個・C ２個	A C C	2（または1）
B １個・C ２個	B C C	1（または2）
C ３個	C C C	1（または2）

※ただし，『報告』には「単元の導入の段階では観点別の学習状況にばらつきが生じるとしても，指導と評価の取組を重ねながら授業を展開することにより，単元末や学期末，学年末の結果として算出される３段階の観点別学習状況の評価については，観点ごとに大きな差は生じないものと考えられる」とある。特に「知識・技能」と「思考・判断・表現」の二つがAの生徒が「主体的に学習に取り組む態度」についてはCであったり，逆に二つがCである生徒がこの観点だけAであったりすることは通常ないとされている。

得点化して平均値を求める方法

①重み付けを行わない場合

知識・技能　　　　　　　　……A　　→　5

思考・判断・表現　　　　　……B　　→　3

主体的に学習に取り組む態度　……C　　→　1

（5＋3＋1）÷3＝3　評定「3」

②重み付けを行う場合（「態度」を半分の点数とする場合の例）

知識・技能　　　　　　　　……A　　→　6

思考・判断・表現　　　　　……B　　→　4

主体的に学習に取り組む態度　……A　　→　3（6の半分で計算）

（6＋4＋3）÷3＝4.33……　評定「4」

何を評価するか

　「知識・技能」は，各教科における生徒の学習過程を通した知識及び技能の習得状況について評価を行うとともに，それらを生徒が既有の知識及び技能と関連付けたり活用したりする中で，ほかの学習や生活の場面でも活用できる程度に概念などを理解したり，技能を習得したりしているかについて評価する観点である。

　指導要録の参考様式については従来の「観点別学習状況」の欄を踏襲しており，観点別評価を3段階（A，B，C）により記入していく。

いつ，どのように評価するか

　ペーパーテストにおいて，事実的な知識の習得を問う問題と，知識の概念的な理解を問う問題をバランスよく出題したり，文章による説明や実験・観察を行う場面を設定したり，式やグラフで表現する場面を設定するなどして評価していく。また生徒に活動させる中で，知識や技能が身に付いているかを教師が見取る方法もある（教師の質問に対して口頭で回答させる，グループワークを行うなど）。

例えば，「豊臣秀吉が行った，百姓が武器を持つことを禁止した政策名を答えなさい」は【事実的な知識】を評価する問題で，いっぽうで，「月が満ち欠けするのはなぜですか。理由を説明しなさい」は【概念的理解】を評価する問題と言える。

評価のポイント（知識・技能）

各教科における問題例

○体言止めの使われている短歌を選びなさい。【国語】

○地図中のA 〜 Cの県庁所在地を答えなさい。【社会】

○次の政策や歴史上の出来事を年代の古い順に並べ替えなさい。【社会】

○36の平方根は6である。○か×か。【数学】

○次の計算をしなさい。【数学】

○次の式を因数分解しなさい。【数学】

○ガスバーナーを正しい手順で点けなさい。【理科】

○音符の階名を答えなさい。【音楽】

○書体の特徴をよく見て，えんぴつで「永」の字を書きなさい。【美術】

○下の図を，ラジオ体操の正しい順番に並べ替えて答えなさい。【保健体育】

○次の栄養素に関係の深い事柄を選びなさい。【技術・家庭】

○きゅうりを「千切り」「いちょう切り」に切りなさい。【技術・家庭】

○次の英文を否定文にしなさい。【英語】

パフォーマンスでの見取り

ボールを返す方向にラケットを向けて打つ場面【保健体育】

・テイクバックの場面（B　テイクバック動作ができている／A　タイミングよく引いている）

・インパクトの場面（B　軽く当てて打っている／A　押し出すように当てている）

25 思考・判断・表現の評価のポイント

何を評価するか

　「思考・判断・表現」は，各教科等の知識及び技能を活用して課題を解決するなどのために必要な思考力，判断力，表現力等を身に付けているかどうかを評価する観点である。

　指導要録の参考様式については従来の「観点別学習状況」の欄を踏襲しており，観点別評価を３段階（A，B，C）により記入していく。

いつ，どのように評価するか

　この観点では，「○○ということを何と言うか」のように用語や概念，事実について回答を求める問題や，「○○について説明しなさい」のように特定の事柄を説明させるような問題ではなく，文脈に応じて複数の知識・技能を総合的に用いることで解答できるような問題に取り組ませて評価することが基本となる。ペーパーテスト，論述，レポートの作成，発表，グループや学級における話合い，作品の制作や表現活動など，多様な活動を取り入れたり，またそれらを集めたポートフォリオを作成したりするなどして評価していく。

この観点は【パフォーマンス評価】との相性がよいとされる。パフォーマンス評価とは，運動・作品・演奏などを実際に行ったり製作したりすることを通して評価する方法。現実の状況に近い複雑で総合的な課題を用いることが多く，実技教科以外への導入も広がっている。

評価のポイント（思考・判断・表現）

各教科における問題例

○「地震，台風等の自然災害が発生したとき，またその防災対策として地域と協力できること」について，班でブレーンストーミングを行い，スピーチをしましょう。（スピーチ課題）【国語】

○オーストラリアの略地図をA 〜 Bへ移動すると３つの気候帯が見られる。変化する順番に気候帯（ア，乾燥帯　イ，熱帯　ウ，温帯）を並べなさい。【社会】

○地図上のスウェーデンはロンドンと１時間の時差がある。スウェーデンが１２月２４日午後４時３０分の時の日本の日時を答えなさい。【社会】

○○月○日の天気図や気温・湿度等から，明日の天気を予想しなさい。【理科】

○合唱曲「大地讃頌」の（　　　）の部分はどのように表現することを意識しながら歌うと良いですか。【音楽】

○次の事象のうち，クーリングオフ制度が適用されないものを選びなさい。【技術・家庭】

○栄養価を考えて，朝食にふさわしい献立を立てなさい。【技術・家庭】

パフォーマンスでの見取り

比較の構文を使ってペアワークで２分間の会話（家族紹介）をする場面【英語】

　　B　　比較の構文を自分の家族の特徴を複数挙げて文法的に正しく紹介できる

　　A　　同等比較と副詞の比較をどちらも使って〜（以下はBと同じ）

26 主体的に学習に取り組む態度の評価のポイント

何を評価するか

『答申』によると，育成すべき資質・能力の三つの柱の一つである「学びに向かう力・人間性等」には，①「主体的に学習に取り組む態度」として観点別評価を通じて見取ることができる部分と，②観点別評価や評定にはなじまず，個人内評価を通じて見取る部分がある。

個人内評価の対象となるものについては，生徒が学習したことの意義や価値を実感できるよう，日々の教育活動などの中で生徒に伝えることが重要である。特に「学びに向かう力・人間性等」のうち，「感性や思いやり」など生徒一人一人のよい点や可能性，進歩の状況などを積極的に評価する。

いっぽう観点別評価の対象となるものについては，「主体的に学習に取り組む態度」として，生徒が自ら学習の目標をもち，進め方を見直しながら学習を進め，その過程を評価して新たな学習につなげるといった，学習に関する自己調整を行いながら，粘り強く知識・技能を獲得したり思考・判断・表現しようとしたりしているかどうかという，意思的な側面を捉えて評価する。

具体的には生徒の学習状況の二つの側面を評価する。以下に示す。

① 知識及び技能を獲得したり，思考力，判断力，表現力等を身に付けたりすることに向けた粘り強い取組を行おうとする側面

② ①の粘り強い取組を行う中で，自らの学習を調整しようとする側面

いつ，どのように評価するか

挙手の回数やノートの取り方などの表面的な様子で評価するのではなく，学習に対する意思的な側面を捉えて評価する。ノートやレポートなどにおける記述内容，授業中の発言内容，行動観察，生徒による自己評価や相互評価なども評価材料になる。なお，ほかの2観点の状況を踏まえて評価するのであり，例えば二つが「A」であるのに本観点のみ「C」というのは通常ないとされている。

評価のポイント（主体的に学習に取り組む態度）

○ 「主体的に学習に取り組む態度」の評価については，①知識及び技能を獲得したり，思考力，判断力，表現力等を身に付けたりすることに向けた粘り強い取組を行おうとする側面と，②①の粘り強い取組を行う中で，自らの学習を調整しようとする側面，という二つの側面から評価することが求められる。

○ これらの①②の姿は実際の教科等の学びの中では別々ではなく相互に関わり合いながら立ち現れるものと考えられる。例えば，自らの学習を全く調整しようとせず粘り強く取り組み続ける姿や，粘り強さが全くない中で自らの学習を調整する姿は一般的ではない。

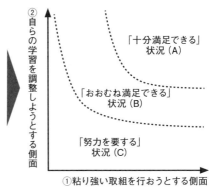

出典：国立教育政策研究所教育課程研究センター「学習評価の在り方ハンドブック　小・中学校編」p9

○朝読書で読んだ本から1冊選び，1分間で本の内容紹介スピーチをしなさい。【国語】

○行書の筆使いを用いて「自分の名前」「いろはうた」を練習しなさい。【国語】

○次に挙げる「今年の10大ニュース」から一つを選び，日本社会や自分自身の生活にどのような影響があったかを述べなさい。【社会】

○サッカーの歴史，ルールについて調べたり，各技能（ボールを蹴る・パス・試合の進め方など）の練習課題の取り組み状況をワークシートに毎時間記入したりする。【保健体育】

27 評価の考え方

道徳科の特徴と目標

　道徳教育は各教科を含め学校教育全体で行う。「特別の教科　道徳」（以下，道徳科）はその要として位置付けられ，中学校では平成31年度より実施されている。道徳科の目標は，「よりよく生きるための基盤となる道徳性を養うため，道徳的諸価値についての理解を基に，自己を見つめ，物事を広い視野から多面的・多角的に考え，人間としての生き方についての考えを深める学習を通して，道徳的な判断力，心情，実践意欲と態度を育てる」とある。

何を評価するか

　道徳科の評価は「特別の教科　道徳」の欄に記入する。道徳教育の要として位置付けられている道徳科の評価は，生徒の学習状況や道徳性に係る成長の様子を継続的に把握した上で，数値評価ではなく，個人内評価を記述式で行う必要がある。

　評価に当たっては，特別の教科として学習指導要領に位置付けられているため，道徳科の目標や指導と一体化した評価を適切に行うことが求められる。

　指導要録において，道徳に関わる記載項目は，ほかに「行動の記録」と「総合所見及び指導上参考になる諸事項」があるが，それらとは内容を区別して道徳科の授業に特化し，成長に着目して記録する。

どのように評価するか

　道徳科の評価は以下のポイントに留意して行う。

① 　数値評価ではなく，記述式で評価する。

② 　各個人の成長を積極的に受け止め，よりよく生きようとする意欲の向上につながる肯定的な評価を，個人内評価する。

③ 　個々の内容項目ごとではなく，大くくりなまとまりを踏まえて評価する。

④ 　発達障害等のある生徒が抱える学習上の困難さの状況を踏まえた指導及び評価上の配慮を行う。

「特別の教科　道徳」の記入欄は？

特　別　の　教　科　道　徳	
学年	学習状況及び道徳性に係る成長の様子
1	
2	
3	

道徳に関する所見欄の書き分け

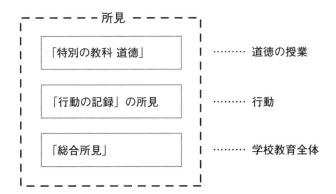

出典：　石田恒好・押谷由夫・柳沼良太・長谷徹・谷合明雄編著　2019　道徳の評価　通信簿と指導要録
の記入文例　小学校・中学校

28 「学習状況及び道徳性に係る成長の様子」

　道徳科の授業を通し個人内評価として継続的に見取ったことを，次の3点に注目し，大くくりなまとまりにより記述式で評価する。

① 一面的な見方から多面的・多角的な見方へ発展させているか

　次のことを発言や感想文，質問紙の記述から見取り，記入する。

・道徳的価値に関わる問題に対する判断の根拠やそのときの心情を様々な視点から捉え考えようとしているか。

・自分と違う立場や感じ方，考え方を理解しようとしているか。

・複数の道徳的価値の対立が生じる場面において取り得る行動を広い視野から多面的・多角的に考えようとしているか。

② 道徳的価値の理解を自分自身との関わりの中で深めているか

　読み物教材の登場人物を自分に置き換えて考え，自分なりに具体的にイメージして理解しようとしていることや，自分自身を振り返り，自らの行動や考えを見直していることがうかがえる部分に着目する。次のことを記入する。

・道徳的な問題に対して自己の取り得る行動を他者と議論する中で，道徳的価値の理解をさらに深めているか。

・道徳的価値を実現することの難しさを自分のこととして捉え，考えようとしているか。

　道徳科の授業において，発言が多くない生徒や考えたことを文章に記述することが苦手な生徒については，教師やほかの生徒の発言に聞き入ったり，考えを深めたりしている姿に着目する。その際，授業後に生徒に直接感想や意見を聞き取ることもできる。

③ 道徳的諸価値の理解を深めているか

　道徳的な問題に対して自分が取り得る行動を，他者と議論する中で，道徳的諸価値の理解をさらに深めている様子に着目する。発言や会話，うなずきなどの観察やワークシートの記述から見取り，記入する。

記入のための用語例

【学習状況】

●登場人物を自分に置き換えて，具体的に理解しようとしている。

●話合い活動の中で，自分の意見に友達の意見を取り入れながら道徳的心情に寄り添っている。

●道徳的な課題を自分のこととして主体的に考え，判断している。

●登場人物の気持ちや行動に対して，自分の考えを発表している。

●登場人物の立場や事情に配慮しながら，自分の考えを発表している。

【道徳性に係る成長の様子】

●先人の生き方を学び，自分自身と重ね合わせながら将来の生き方について考えている。

●登場人物の気持ちに共感したり，批判したりしながら，道徳的価値を深めている。

●学習を通して，自分の気持ちを相手に伝えたり，相手の気持ちをよく考えたりすることが増えてきた。

●自己の道徳心が学級の中では，社会の中ではどう生きてくるのかについて，広がりをもって考えている。

【主体的・対話的で深い学びの状況】

●道徳的価値について，過去の体験と照らし合わせてどうしたらよいかについて考えている。

●話合いの中で，異なる意見に対して共感したり，選択，判断をしている。

●授業を通して，新しい課題や目標を見付け，それに向けて努力している。

●道徳的な課題について，友達と一緒に考えたり，解決する方法を見付けたりしようとしている。

●道徳的価値を自分自身の在りように重ねて振り返り，自己理解を深めている。

【発言や記述が苦手な生徒】

●話合い活動では，友達の意見をよく聞き，自分自身の考えを深めている。

●授業の中で発表している生徒の意見を聞きながらうなずいている。

●自分の考えをワークシートに表現しようと努めている。

●話合い活動の中で，少しずつ発言できるようになっている。

29 総合的な学習の時間の記録 ▷▷
評価の考え方

総合的な学習の時間の特徴と目標

　総合的な学習の時間は，探究的な学習の過程を重視し，各教科等を越えた学習の基盤となる資質・能力を育成する学習活動である。中学校における年間授業時数は，第1学年が50時間，第2・3学年が70時間である。

　総合的な学習の時間の目標は，探究的な見方・考え方を働かせ，横断的・総合的な学習を行うことを通して，よりよく課題を解決し，自己の生き方を考えていくための資質・能力を育成することである。次の方針で育成を進めていく。

① 　探究的な学習の過程において，課題の解決に必要な知識及び技能を身に付け，課題に関わる概念を形成し，探究的な学習のよさを理解するようにする。

② 　実社会や実生活の中から問いを見いだし，自分で課題を立て，情報を集め，整理・分析して，まとめ・実現することができるようにする。

③ 　探究的な学習に主体的・協働的に取り組むとともに，互いのよさを生かしながら，積極的に社会に参画しようとする態度を養う。

　　探究的な学習を実現するため，「①課題の設定 → ②情報の収集→③整理・分析 → ④まとめ・表現」という探究のプロセスを重視して学習活動を展開することが求められている。

評価の考え方

　指導要録の参考様式については従前より変更がなく，各学校において，この時間に行った学習活動及び各学校が自ら定めた評価の観点を記入した上で，生徒にどのような力が身に付いたかを文章で端的に記述する。

　今回の改訂により，総合的な学習の時間についても，各教科と同様に，「知識・技能」「思考・判断・表現」「主体的に学習に取り組む態度」の三つが評価の観点として示された。教科との関連を踏まえて観点を設定する場合は，各教科の観点を踏まえて探求的な学習の評価となるようにしたい。

「総合的な学習の時間の記録」の記入欄は？

探究的な学習における生徒の学習の姿

中学校学習指導要領解説　総合的な学習の時間編より

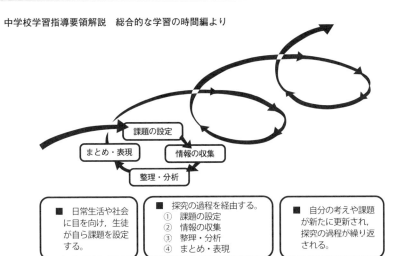

- ■ 日常生活や社会に目を向け，生徒が自ら課題を設定する。
- ■ 探究の過程を経由する。
  ① 課題の設定
  ② 情報の収集
  ③ 整理・分析
  ④ まとめ・表現
- ■ 自分の考えや課題が新たに更新され，探究の過程が繰り返される。

参考様式

学年	学 習 活 動	観 点	評 価
総 合 的 な 学 習 の 時 間 の 記 録			
1			
2			
3			

30 「学習活動」

何を書くか

　なぜ、「学習活動」を記入する必要があるのかといえば、第一に、総合的な学習の時間については学習内容が決められていないため、各学校でどのような活動を導いたかを記録として残す必要があるからである。第二に、活動を通して身に付く能力・資質が、その活動によって異なるため、どのような活動であるかを記入した上で評価する必要があるからである。

　何を学習活動として取り上げるかは、総合的な学習の時間のねらいと各学校の実態をよく踏まえて決める必要がある。そのポイントとして、学習指導要領に例示された下記4点が参考になる。

① 国際理解，情報，環境，福祉・健康などの現代的な諸課題に対応する横断的・総合的な課題

② 地域の人々の暮らし、伝統と文化など地域や学校の特色に応じた課題

③ 生徒の興味・関心に基づく課題

④ 職業や自己の将来に関する課題

　これらすべてのポイントを1年間ですべて取り上げる必要はなく、中学校3年間で①〜④がバランスよく取り上げられるとよい。

どのように書くか

　取り組んだ学習活動の単元名を、箇条書きで表記する。「外国人との交流会」や「職業調べ」などのように、活動内容をなるべく簡潔に明示した表現を検討することになろう。そのままだと取り組んだ内容が分かりづらい場合は、内容が具体的に分かるように記したほうがよい。一目で内容が読み取れない個性的な単元名のみを記すことは本欄の趣旨としてふさわしくない。

　一年間に取り組んだすべての活動を表記することはできない場合もあろう。その際は生徒の学習や成長に影響を与えたと思われる重要な活動を取り上げて記入することになる。だいたい2〜5個くらいになると思われる。

記入のための用語例（学習活動）

【現代的な諸課題に対応する横断的・総合的な課題】
- 外国人との交流会
- 地域のごみ問題をレポートする
- 人権作文を書き発表する
- 車いす，アイマスク体験
- ボランティア活動
- 健康な生活とストレスについての調査
- 持続可能な社会についての討論，レポート作成
- 地域の安全に貢献している人々へのインタビュー
- 高齢者へのインタビュー
- 食料品の流通についての新聞づくり
- 科学技術の進歩と暮らしの変化についてのレポート作成

【地域や学校の特色に応じた課題】
- フィールドワークによる地域調べ
- 地域紹介新聞の作成
- 職場体験の事前学習と実施
- 特別支援学校との交流
- 地域の有名人調べ
- 地域の安全マップづくり

【生徒の興味・関心に基づく課題】
- 自分がなりたい職業調べ
- 自分の好きな人を特集した新聞づくり
- 生命の神秘や不思議さについて調べる
- 生活を豊かにする新製品開発

【職業や自己の将来に関する課題】
- 職業調べ
- 上級学校調べ
- 上級学校訪問

31「観点」

何を書くか

　総合的な学習の時間では，観点について各学校で決める必要がある。今回の指導要録の改訂で評価の観点が示された。これを踏まえて，各学校で行われる学習活動によって身に付く資質・能力を考え，観点を定めて記入する。

どのように書くか

　観点の決め方には大きく分けて次の3通りがある。

①　総合的な学習の時間のねらいを踏まえた決め方

　学習指導要領を参照して，総合的な学習の時間の目標の要素を抽出したり，組み合わせたりして設定することが考えられる。以下に目標を引用するので参考にされたい。

　　［目標］　探究的な見方・考え方を働かせ，横断的・総合的な学習を行うことを通して，よりよく課題を解決し，自己の生き方を考えていくための資質・能力を次のとおり育成することを目指す。
　　⑴　探究的な学習の過程において，課題の解決に必要な知識及び技能を身に付け，課題に関わる概念を形成し，探究的な学習のよさを理解するようにする。
　　⑵　実社会や実生活の中から問いを見いだし，自分で課題を立て，情報を集め，整理・分析して，まとめ・表現することができるようにする。
　　⑶　探究的な学習に主体的・協働的に取り組むとともに，互いのよさを生かしながら，積極的に社会に参画しようとする態度を養う。

②　教科との関連を明確にした決め方

　評価の3観点を踏まえながら，総合的な学習の時間の性格を考慮し，それぞれ例えば「学習活動にかかわる知識・技能」「総合的な思考・判断・表現」「学習活動に主体的に取り組む態度」のように設定することができる。

③　各学校独自の目標，内容に基づく決め方

　総合的な学習の時間については，各学校の自主的な判断が尊重される。学習活動・観点ともに多様である。総合的な学習の時間の趣旨から大きくずれないようにしながら，観点を各学校で独自に決めることが望ましい。

記入のための用語例（観点）

評価の観点（総合的な学習の時間）

観　点	趣　旨
知識・技能	探究的な学習の過程において，課題の解決に必要な知識や技能を身に付け，課題に関わる概念を形成し，探究的な学習のよさを理解している。
思考・判断・表現	実社会や実生活の中から問いを見いだし，自分で課題を立て，情報を集め，整理・分析して，まとめ・表現している。
主体的に学習に取り組む態度	探究的な学習に主体的・協働的に取り組もうとしているとともに，互いのよさを生かしながら，積極的に社会に参画しようとしている。

用語例

【総合的な学習の時間のねらいを踏まえた決め方】
- 課題解決の能力
- 情報処理能力
- 問題発見・解決能力
- 学習への主体的・協働的な態度　など
- 探究する能力や態度

【教科との関連を明確にした決め方】
- 学習活動にかかわる知識・技能
- 総合的な思考・判断・表現
- 学習活動に主体的に取り組む態度　など

【各学校独自の目標，内容に基づく決め方】
- プレゼンテーション能力
- コミュニケーション能力
- メディアリテラシー
- 地域での伝統的な行事へ参加する態度
- 主体的に探究し，まとめる能力
- 班員と協力して情報を収集し，発表する能力　など

32「評価」

何を書くか

　総合的な学習の時間の記録については，「生徒の学習状況に顕著な事項がある場合などにその特徴を記入する等，生徒にどのような力が身に付いたかを文章で端的に記述する」と記されている。

　生徒の具体的な学習状況の評価の方法については以下の3点が重要である。

① 信頼される評価の方法であること

　教師間において，あらかじめ評価の観点や評価規準を確認しておき，著しく異なったり偏ったりすることのない評価が求められる。

② 多面的な評価の方法であること

　多様な評価方法や評価者による評価を適切に組み合わせることが重要である。

・発表やプレゼンテーションなどの表現による評価

・話合い，学習や活動の状況などの観察による評価

・レポート，ワークシート，ノート，作文，論文，絵などの制作物による評価

・学習活動の過程や成果などの記録や作品を計画的に集積したポートフォリオを活用した評価

・評価カードや学習記録などによる生徒の自己評価や相互評価

・教師や地域の人々等による他者評価　など

③ 学習状況の過程を評価する方法であること

　学習活動の終末だけではなく，事前や途中に適切に位置付けて実施することが大切である。

どのように書くか

　学習活動と観点を記入した上で，生徒のよい点，学習に対する意欲や態度，進歩の状況などを踏まえて，個人内評価を記入する。『通知』では「文章で端的に記述する」という方針が示されており，具体的にどのような形で記入するかは各学校で共通理解を図りたい。

記入のための用語例（評価）

- 地球温暖化を防ぐための各地の取組を調べ，学習発表会で発表するとともに，率先して実行し，ほかの生徒に影響を与えた。
- 地域調べでは，「○○市のごみ処理」について，文書資料，フィールドワーク，インターネットなどを利用して必要な情報を収集し，分かりやすく新聞にまとめることができた。
- 職業についての話を聞く会では，積極的に質問をして講師の先生と対話し，コミュニケーション力を付けるとともに，自分の将来の生き方について考えることができた。
- 職場体験では，「○○洋菓子店」で仕事に意欲的に取り組み，将来の進路設計を考える参考にしようとしていた。
- 人権作文では，「男女差別」について情報を収集し，実態とその解消を目指した方策を考えた作文を書いて，学級代表に選ばれた。
- 留学生との交流会では，日本のよさについて，コンピューターを利用して，伝える相手に合わせた工夫をしたプレゼンテーションができた。
- 自分の進路選択について，友達，父母，関係者インタビュー，図書館・インターネット利用などいくつもの手段を駆使して情報収集することができた。
- 料理や体験活動を通して外国の文化やものの考え方を理解し，自分なりの考察をまとめることができた。
- 調査した内容をまとめる際，部分的に映像を取り入れるなど各メディアの特性を生かして活用し，訴求力の高いレポートを作成することができた。
- 聞き取り調査を通して福祉施設の社会的意義について関心を高め，実態に迫った探究課題を設定することができた。
- 資料調査とフィールドワークを行い，災害発生時に危険となる箇所について安全マップにまとめることができた。
- 携帯電話やスマートフォンの技術進歩について調べ，私たちの生活にもたらした変化をレポートにまとめたとともに，利用者のマナーなどについても議論することができた。
- 海外の紛争地帯について調べ，その原因や現状を追究することを通して，平和を維持・実現することの難しさと，それでも求め続けることの重要性を再確認することができた。

33 評価の考え方

特別活動の特徴と目標

　特別活動は，各活動・学校行事における様々な集団活動の中で，生徒が集団や自己の課題の解決に向けて取り組む活動であり，学級活動，生徒会活動，学校行事で構成される。学習指導要領に示されている目標は，以下である。

　　［第5章第1　目標］　集団や社会の形成者としての見方・考え方を働かせ，様々な集団活動に自主的，実践的に取り組み，互いのよさや可能性を発揮しながら集団や自己の生活上の課題を解決することを通して，次のとおり資質・能力を育成することを目指す。

　①　多様な他者と協働する様々な集団活動の意義や活動を行う上で必要となることについて理解し，行動の仕方を身に付けるようにする。

　②　集団や自己の生活，人間関係の課題を見いだし，解決するために話し合い，合意形成を図ったり，意思決定したりすることができるようにする。

　③　自主的，実践的な集団活動を通して身に付けたことを生かして，集団や社会における生活及び人間関係をよりよく形成するとともに，人間としての生き方についての考え方を深め，自己実現を図ろうとする態度を養う。

評価の考え方

　特別活動の評価に当たっては，上記の目標を踏まえ，「評価の観点及びその趣旨」を参考に，各学校において評価の観点を定め，十分満足できる活動の状況にあると判断される場合に○を記入する。「十分満足できる状況」かどうかの判断は，日常の行動観察や行事の成果などを考慮して行う。目標に準拠した絶対評価で行うので，○を付ける生徒の比率を考慮する必要はない。

　正確な評価を行うためには，誰でも見て明らかな，具体的な生徒の行動の水準で記述された基準が必要である。その基準は深い生徒理解と指導のためには「十分満足」「おおむね満足」「努力を要する」の三つ欲しいが，記入のためには「十分満足」の基準を用いればよい。

特別活動の記録の記入欄は？

特別活動の評価の観点及びその趣旨

観　点	趣　旨
知識・技能	多様な他者と協働する様々な集団活動の意義や，活動を行う上で必要となることについて理解している。 自己の生活の充実・向上や自己実現に必要となる情報及び方法を理解している。 よりよい生活を構築するための話合い活動の進め方，合意形成の図り方などの技能を身に付けている。
思考・判断・表現	所属する様々な集団や自己の生活の充実・向上のため，問題を発見し，解決方法を話し合い，合意形成を図ったり，意思決定をしたりして実践している。
主体的に学習に取り組む態度	生活や社会，人間関係をよりよく構築するために，自主的に自己の役割や責任を果たし，多様な他者と協働して実践しようとしている。 主体的に人間としての生き方について考えを深め，自己実現を図ろうとしている。

指導要録の参考様式

特 別 活 動 の 記 録

内　　容	観　点　　　　　　　　学　年	1	2	3
学級活動				
生徒会活動				
学校行事				

81

34 「学級活動」

学級活動の目標

学級活動は，学校生活において最も基礎的な集団である学級を基盤とした活動である。以下に学級活動の目標を示す。

[目標] 学級や学校での生活をよりよくするための課題を見いだし，解決するために話し合い，合意形成し，役割を分担して協力して実践したり，学級での話合いを生かして自己の課題の解決及び将来の生き方を描くために意思決定して実践したりすることに，自主的，実践的に取り組むことを通して，第1の目標（80ページ参照：編集部注）に掲げる資質・能力を育成することを目指す。

学級活動の内容は次の三つが示されている。「(1)学級や学校における生活づくりへの参画」「(2)日常の生活や学習への適応と自己の成長及び健康安全」「(3)一人一人のキャリア形成と自己実現」である。

評価のポイント

日頃から学級活動の取組状況について生徒別の記録を付けておき，一定以上の成果が蓄積された生徒に○を付けることになる。評価の観点に照らして，「十分満足できる状況」にあると判断できる根拠がその生徒の記録にあればよい。

委員会や係など，生徒の役割に目が行きがちだが，その役割を担っているからというのではなく，活動の中身を捉えて評価したい。また，役割活動ばかりでなく，日常の行動観察からも，個々の生徒の活躍を評価できるとよい。集団の中で，周りによい影響を与えたり，他者と協調する中で自分を高めたりしていることを捉えて評価する。

学年として基準をそろえて，客観的な資料を収集して記入するようにしたい。例えば，学期の終わりに質問紙で生徒自身に学級活動について振り返らせ，自己評価と他己評価を付けさせる方法などがある。また，記入する際は，担任教員だけでなく，副担任や他学級の担任など，学年の教員全員で確認するようにしたい。

観点と十分満足できる状況の例（学級活動）

内容（1）　学級や学校における生活づくりへの参画

【観点例】
・生活上の諸問題の解決
・学級内の組織づくりや役割の自覚
・多様な集団の生活の向上

【十分満足できる状況例】
・学級内の話合いで積極的に発言した。
・リーダーシップを発揮し学級をまとめた。
・係や当番活動を責任をもってやり抜いた。
・○○委員として自分の役割を十分果たした。
・班長として班活動をリードした。
・係活動の仕事に熱心に取り組んだ。
・学校行事の委員などに積極的に参画し，学級の代表として高い評価を受けた。

内容（2）　日常の生活や学習への適応と自己の成長及び健康安全

【観点例】
・自他の個性の理解と尊重
・男女相互の理解と協力
・思春期の不安や悩みの解決
・心身ともに健康で安全な生活態度
・望ましい食習慣の形成

【十分満足できる状況例】
・分かりやすい自己紹介図を作成した。
・友達のよい点を的確にまとめた。
・男女間の対立の解決に努めた。
・教育相談室を利用して，悩みや不安を乗り越えようとした。
・朝の縄跳び時間を活用し健康の増進に努めた。
・給食だよりの編集の中心となって活躍した。
・給食の残飯を減らす活動を行った。

内容（3）　一人一人のキャリア形成と自己実現

【観点例】
・主体的な学習態度
・学校図書館等の活用
・社会参画意識の醸成
・勤労観，職業観の形成
・主体的な進路選択と将来設計

【十分満足できる状況例】
・自学自習の態度に優れ，学習態度は模範的であった。
・自ら進んで学習計画表を作成し，日々の予習，復習を計画的に実行した。
・学校図書館を頻繁に利用した。
・個性理解や職業適性を意欲的に学び，望ましい進路選択にかかわる知識を高めた。

35 「生徒会活動」

生徒会活動の目標

　生徒会活動は，主に学校生活全般に関する自発的，自治的な活動である。生徒会には，生徒会全体が一つの大きな集団であるという側面のほか，委員会活動など役割を同じくする異年齢集団の側面もある。いずれにしても学級の枠を超え，よりよい学校づくりに参画し，協力して諸課題の解決を行う活動である。以下に生徒会活動の目標を示す。

　　［目標］　異年齢の生徒同士で協力し，学校生活の充実と向上を図るための諸問題の解決に向けて，計画を立て役割を分担し，協力して運営することに自主的，実践的に取り組むことを通して，第1の目標（80ページ参照：編集部注）に掲げる資質・能力を育成することを目指す。

　生徒会活動の内容は次の三つが示されている。「(1) 生徒会の組織づくりと生徒会活動の計画や運営」「(2) 学校行事への協力」「(3) ボランティア活動などの社会参画」である。

評価のポイント

　基本的には，生徒会役員や委員会の活動で，学校全体や学年のために活躍した生徒に○を付ける。また，生徒会や委員会の役割がなくても，異年齢の生徒同士で協力して，学校生活の充実と向上のために自主的に活動した生徒には，○を付けてよい。学校行事で生徒会の組織を活用して計画の一部を担当したり，運営に主体的に協力したりした生徒にも，○を付けられる。そのほか，学校外でも，ボランティア活動に意欲的に参加し，社会貢献している生徒にも○を付けることができる。

　いずれにしても，生徒会活動の評価では，学級の枠を超えて，学校や地域に貢献している生徒をピックアップして評価することになる。そのためには，日頃から生徒個々の活動状況を学校全体や学年で記録して共有しておくことが大切である。

観点と十分満足できる状況の例（生徒会活動）

内容(1) 生徒会の組織づくりと生徒会活動の計画や運営

【観点例】	【十分満足できる状況例】
・生徒会役員としての判断, 実践 ・計画作成と運営の実践	・生徒会役員としての自覚が高く, 規律ある学校づくりのために, 適切な提案をした。 ・委員長に当選し, 各委員との綿密な打合せを行い, 委員会活動を活性化させた。 ・生徒会活動の年間計画を作成し, 担当教員と打合せを行いながら円滑に進めた。 ・下級生と積極的に関わり, 生徒会活動を継承しようとしている。

内容(2) 学校行事への協力

【観点例】	【十分満足できる状況例】
・学校行事への意欲 ・学校行事への実践	・実行委員に立候補し, 行事の成功を目指して精力的に活動した。 ・ポスターづくり, 会場設営, PR活動などの仕事に力を発揮した。 ・生徒会の一員として生徒会の運営に主体的に関わり, 主権者意識を高めた。

内容(3) ボランティア活動などの社会参画

【観点例】	【十分満足できる状況例】
・社会参加への意欲 ・地域社会への貢献する意欲, 実践	・生徒会主催の募金活動に3年間参加し, グループのリーダーとして活躍した。 ・ジュニアリーダーとして, 地域の子供会の活動をリードした。 ・図書委員会として校内ビブリオバトルなど読書イベントを企画・運営し, 図書室の利用者増につなげた。 ・地域清掃に積極的に参加するなど生徒会役員として校内を啓発し, ボランティア活動を推進した。

学校行事の目標

　学校行事は，学年や学校全体という大きな集団において，所属感や連帯感を高めながら一つの目的に向かって取り組む活動である。以下に学校行事の目標を示す。

　　[目標]　全校又は学年の生徒で協力し，よりよい学校生活を築くための体験的な活動を通して，集団への所属感や連帯感を深め，公共の精神を養いながら，第1の目標（80ページ参照：編集部注）に掲げる資質・能力を育成することを目指す。

　学校行事の内容は次の五つが示されている。「(1) 儀式的行事」「(2) 文化的行事」「(3) 健康安全・体育的行事」「(4) 旅行・集団宿泊的行事」「(5) 勤労生産・奉仕的行事」である。

評価のポイント

　学校行事は生徒の積極的な参加による体験的な活動を行うものであり，学校内だけでなく地域行事や催し物など学校外の活動ともつながりをもち，内容によっては地域の様々な人々で構成する集団と協力することもある。

　学校行事の中で特筆すべき活躍を見せた生徒に○を付けるが，学級活動や生徒会活動と重なる部分があり，どこで○を付けるべきか判断に迷うかもしれない。学校行事に自ら積極的に取り組み，集団によい影響を与えるような模範的行動やリーダーシップを取れた生徒などを評価したい。また，このような生徒が学級活動や生徒会活動でも評価される活動を行っている場合は，どちらにも○を付ければよい。

　学校行事として行われる職場体験や奉仕活動などで，地域に出て活躍した生徒も評価できる。ただし，学校外で個人的に行っているボランティア活動などは特別活動の評価としては対象外となり，必要に応じて「総合所見及び指導上参考となる諸事項」欄に記載する（122ページ参照）。

観点と十分満足できる状況の例（学校行事）

内容(1) 儀式的行事	
【観点例】 ・行事への参加意欲	**【十分満足できる状況例】** ・服装，態度，作法など，儀式的行事の意義を踏まえた言動が優れ，全生徒の模範となった。

内容(2) 文化的行事	
【観点例】 ・行事への参加意欲 ・日常的な実践	**【十分満足できる状況例】** ・合唱コンクールで実行委員として円滑な進行を支えた。 ・日頃からものづくりなどの創作活動に熱心に取り組み，文化祭などでは，その作品に高い評価を得た。

内容(3) 健康安全・体育的行事	
【観点例】 ・健康への関心 ・健康保持の実践	**【十分満足できる状況例】** ・マラソン大会などでは進んで練習に励み，健康の増進に努めた。 ・歯を大切にしたり，疾病があるとすぐに治療に努めるなど，健康増進のための模範的行動をした。

内容(4) 旅行・集団宿泊的行事	
【観点例】 ・集団行動の思考，実践 ・集団の一員としての思考，実践	**【十分満足できる状況例】** ・修学旅行の班別行動では，コースの設定などにリーダーシップを発揮した。 ・移動教室では，係の仕事に率先して取り組み，責任感を発揮した。

内容(5) 勤労生産・奉仕的行事	
【観点例】 ・職業への知識，理解，実践	**【十分満足できる状況例】** ・職業調べ，職業体験を通して自己理解を深め，適性を捉える努力をした。 ・学校で行う奉仕活動に真剣に取り組むとともに，地域行事での活動に積極的に参加した。

37 評価の考え方

何を評価するか

　行動の記録では，各教科，道徳，総合的な学習の時間，特別活動やその他学校生活全体にわたって認められる生徒の行動についての評価を記入する。評価を行う項目は，「基本的な生活習慣」「健康・体力の向上」「自主・自律」「責任感」「創意工夫」「思いやり・協力」「生命尊重・自然愛護」「勤労・奉仕」「公正・公平」「公共心・公徳心」の10項目である（右図参照）。

　各項目の趣旨に照らして「十分満足できる状況」にあると判断される場合に学年ごとに○印を記入することとされている。また，特に必要があれば，項目を追加して記入することもできる。所見については，前々回の改訂時に引き続き「総合所見及び指導上参考となる諸事項」欄に記入する（113ページ参照）。

どのように評価するか

　評価は，観察法，面談（面接）法，質問紙法などによって収集された客観的な資料に基づいて記入することが重要である（38〜43ページ参照）。そして種々の記録や資料に基づいて一人一人の生徒の行動を把握し，各項目の評価を行う際には，「十分満足できる状況」にあると評価する基準が必要になる。この基準がなかったり，抽象的だったり，教師の主観が入りやすいものであったりすると，妥当な評価はできない。そのため各学校では，学年ごとに各項目について「十分満足できる状況」の基準をしっかり設定することが大事である。その際の参考になるよう，「十分満足できる状況」の例を90ページから項目ごとに示した。鋭意努力して，適切な基準の作成に努めてほしい。

　なおこの評価は，ほかの生徒と比較して評価する相対評価（集団準拠評価）ではなく，目標の実現状況によって評価する絶対評価（目標準拠評価）である。そのため，学級内で○印を付ける生徒の比率を考慮する必要はない。ほとんどの生徒に○を記入することも，反対に，ほとんどの生徒に○を記入しないこともあり得る。

行動の記録の記入欄は？

行　　動　　の　　記　　録								
項　目　　　　学　年	1	2	3	項　目　　　　学　年	1	2	3	
基本的な生活習慣				思いやり・協力				
健康・体力の向上				生命尊重・自然愛護				
自主・自律				勤労・奉仕				
責任感				公正・公平				
創意工夫				公共心・公徳心				

必要があれば，ここに
項目を追加することが
できる。

生徒の個性を伸ばすための評価
と考え，ほかの生徒と比べるので
はなく，その生徒自身をよく見て，
よく理解した上で，評価の基準に
合致しているものに積極的に○印
を付けよう。

38

「基本的な生活習慣」

項目の趣旨 自他の安全に努め，礼儀正しく節度を守り節制に心掛け調和のある
生活をする。

【十分満足できる状況例】

自他の安全	・周囲の状況や他者に配慮しながら，安全に行動できる。
	・リスクを想定して準備をして事に当たることができる。
	・安全に活動するための情報収集を進んで行っている。
身だしなみ	・中学生らしい服装や髪型をしている。
	・上履きをきちんと履いている。
礼儀・挨拶	・自ら進んでさわやかな挨拶ができる。
	・目上の人に敬語を使うなど正しい言葉遣いができる。
	・通路や出入口でかち合ったとき，来客者に道を譲っていた。
規則的生活	・登校時間や授業への遅れがない。
	・生活リズムが整っている。
	・集合時刻や終了時刻をきちんと守る。
整理・整頓	・机やロッカーが整理整頓されている。
	・下駄箱に靴をそろえて入れている。
規範意識	・携帯電話など授業に不要なものは持ってこない。
	・学校の決まりを進んで守っている。
	・校則を守り，規律ある学校づくりに協力している。
学習態度	・授業に使用するものを忘れることがない。
	・教師の話を真剣に聴き，ノートをしっかり取っている。
対人関係	・対立やいじめに荷担することなく，誰とでも仲よくできる。
	・約束を大切にし，クラスメイトから信頼されている。
	・「ありがとう」「ごめんなさい」を自然に言うことができる。
時間の管理	・決められた時間を有効に使うことができる。
	・自分で立てた計画にしたがって行動できる。
物品管理	・教科書や文房具などを丁寧に扱っている。
	・清掃用具を正しく使い，破損があっても自ら修理する。
金銭感覚	・無駄遣いをせず，金銭を計画的に使うことができる。

39 「健康・体力の向上」

項目の趣旨 活力ある生活を送るための心身の健康の保持増進と体力の向上に努めている。

【十分満足できる状況例】

体力の増進	・体力向上のために，部活動に積極的に参加している。
	・体力の増進のために休み時間に運動をしたり，放課後にジョギングをしたりしている。
健康の保持	・規則正しい生活を送り，健康の保持に努めている。
	・体育や体育的行事に真剣に取り組んでいる。
	・スポーツ活動に積極的に参加している。
	・緊張や怒りなどで気持ちが不安定なときは深呼吸するなどして，自分で気持ちを落ち着けようとしている。
	・保健体育の授業で学んだ知識を日常生活に生かしている。
衛生管理	・手洗いやうがいなどを励行している。
	・ハンカチ，ちり紙を常に携行している。
	・感染症への理解を深め，衛生管理を推進している。
疾病の予防	・マスクを付けるなど感染症予防に努めている。
	・疾病予防に関心が高く，自ら進んで学習している。
病気・怪我への対応	・体調不良の折には，保健室に行くなど早急に対応している。
	・怪我に対して，応急処置ができる。
	・視力の低下を防ぐため本は明るいところで読むパソコンやゲームは1日の時間を決めている。
	・病気にかかったときは，速やかに治療を受けている。
安全な生活	・自らの安全を守るための知識をもっている。
	・部活動の中で，危機を回避するための行動を取っている。
	・避難訓練やセーフティ教室では真剣に行動している。
望ましい食習慣の形成	・栄養のバランスについて興味をもち，知識も豊富である。
	・肥満や小児生活習慣病について注意を払っている。
	・総合的な学習の時間で食生活に関するテーマを学習して，食への関心を高め，望ましい食生活の保持に努めている。

40 「自主・自律」

項目の趣旨 自分で考え，的確に判断し，自制心をもって自律的に行動するとともに，より高い目標の実現に向けて計画を立て根気強く努力する。

【十分満足できる状況例】

学習意欲・態度	・授業に意欲的に参加し，発言も多い。 ・自ら進んで計画的に家庭学習に励んでいる。 ・協同学習ではグループをまとめる言動をしている。 ・確たる進路意識をもち，夢の実現に向け鋭意努力している。 ・作文コンクールなどに積極的に応募し，成果を上げている。 ・自分の将来や生き方について目標をもち，実現に向けた情報収集をしている。 ・自分の主張が明確にあるときでも，クラスメイトとの人間関係を大切にしながら，建設的に自分の考えを述べることができる。
学級における取組	・委員や係に進んで立候補し，真剣に取り組んでいる。 ・学級会では学級をまとめる建設的な発言が多い。 ・学級対抗の行事ではリーダーシップを発揮している。 ・誰が見ていなくても掲示物を整えるなど，目立つかどうかではなく学級のために働くことが多い。 ・仲間を大切にし，困っているクラスメイトを手助けする行動が多い。 ・率先して学習規律や生活規律を守っている。
学校生活における取組	・生徒会役員や実行委員長に自ら進んで立候補し，活動の活性化に向け，全力で取り組む。 ・様々な行事で自分の役割を自覚し，ほかの人が気付かないことに対しても自主的に取り組む。 ・学校のホームページを作成するスタッフに責任者として加わり，ホームページは高い評価を得た。
地域活動などにおける取組	・生徒会主催のユニセフ募金に積極的に参加している。 ・地域防災訓練では中学生の代表として決意表明を行った。 ・子供会のジュニアリーダーとして，後輩の面倒を見ている。 ・小学校へのボランティア活動に何回も参加している。

41

「責任感」

項目の趣旨 自分の役割を自覚して誠実にやり抜き，その結果に責任を負う。

【十分満足できる状況例】

学習に対する取組	・教科係の仕事を忘れずにこなし質も高く，担当教員から高い評価を得ている。 ・班長として，学習規律の確立に率先して取り組んでいる。 ・協同学習の責任者を務め，学習の遅れがちな生徒に気付き，自ら進んでサポートを行っている。 ・授業で割り当てられた仕事は着実に終わらせている。
学級における取組	・班別の活動で失敗があると，班長としての責任を自覚し，改善行動を提案することができる。 ・委員，係活動や当番活動は責任をもって取り組んでいる。 ・与えられた役割は最後まで責任をもってやり遂げる。 ・生徒会役員の候補者がなかなか決まらなかったとき，自分から役割を引き受けることを申し出て，当選後は周囲からリーダーシップを高く評価されるなど責任をもって取り組んだ。 ・困難な状況に直面しても投げ出すことがなく，前向きに対応することができる。 ・大変な仕事や誰もやりたがらない仕事を自ら引き受け，最後まで立派にやり遂げている。 ・学年やクラスのことを考えて行動し，うまくいかなかったときは，自分の役割の責任を取ろうとしている。
学校生活全般における取組	・学校行事などでは自分の役割を自覚し，責任をもって果たしている。 ・多くの教員から自分の責任をまっとうしようとする姿勢を高く評価されている。 ・部活動の部長として，部内で発生した問題についてその解決に向けて奔走している。 ・後輩に対する面倒見がよく，後輩が失敗したときにはどうすればよいかを一緒に考えることができる。

42 「創意工夫」

項目の趣旨 探究的な態度をもち，進んで新しい考えや方法を見付け，自らの個性を生かした生活を工夫する。

【十分満足できる状況例】

学習に対する取組	・関心をもった学習テーマに対して，創意工夫を凝らした学習方法を取っている。
	・インターネットの活用など，自ら進んで学習方法を工夫している。
	・教師や友達のアドバイスを取り入れて，自ら進んで学習方法を改善している。
	・郷土の歴史に興味をもち，そのよさを旅行者に紹介するためのパンフレットを作成した。
	・地域の特産物を紹介する資料づくりに取り組み，理科で学習した気象の知識と社会の地理的事象を関連させながら説明することができた。
学級における取組	・学級活動の際には様々なアイディアを出しており，クラスメイトからの支持を集めている。
	・学級対抗の行事では斬新な方法を提案し，クラスメイトの取組をリードしている。
	・効率のよい学習方法を考案し，クラスメイトにも勧めている。
	・リーダーとして学んだことを生かして，別の場面では進んでフォロワーシップを発揮することができた。
	・困難な状況に直面しても工夫して乗り越えようとする。
	・グループの話合いでは色々な方向の考え方を提案するなど，一つの考え方に固執せず様々なものの見方ができる。
	・イラストを描くのが得意で，学級新聞に協力して学級を盛り上げた。
学校生活全般における取組	・学校行事などの取組において，自分の個性を生かしたアイデアを提案して貢献している。
	・生徒総会や委員会などにおいて，自分の得意とする分野についての発言をして，個性を十分発揮している。
	・生徒総会や委員会などにおいて，自分の得意とする分野についての発言をして，話合いに貢献している。

43 「思いやり・協力」

項目の趣旨 だれに対しても思いやりと感謝の心をもち，自他を尊重し広い心で共に協力し，よりよく生きていこうとする。

【十分満足できる状況例】

学習に対する取組	・授業中，困っている様子のクラスメイトに対し，さりげなくアドバイスを与えている。 ・協同学習で作業が遅れがちなクラスメイトに進んで協力している。 ・グループ学習では，分け隔てなく誰とでも協力して活動している。
学級における取組	・自分と異なる意見も真剣に聞き，相手を傷付けないよう言い方に配慮しながら自分の意見を述べている。 ・係，当番活動の仕事を怠ることなく，クラスメイトと声をかけ合いながら協力して行っている。 ・失敗したクラスメイトを気遣い，励ますことが多い。 ・誰とでも協力することができ，クラスメイトからの信頼が厚い。 ・学級のために必要な仕事を自分で気付いて行うことができた。 ・放課後に係活動をしているクラスメイトがいると，「大変そうだね。手伝おうか」と声をかけることができる。 ・掃除をさぼりがちな生徒に優しく声をかけて行動を促すなど，協力の雰囲気をつくることができる。 ・悩んでいる生徒，孤立しがちなクラスメイトがいると，さりげなく声をかけている。
学校生活全般における取組	・学級対抗の行事では，苦戦しているクラスメイトに気付き，自ら進んで励ます言動が多々見られる。 ・行事の中でクラスメイトを思いやる言葉かけを進んで行っている。 ・学校行事では，協力体制をつくるため先頭に立って努力している。 ・部活動では，後輩に対し懇切丁寧にアドバイスを行っている。 ・合唱祭の練習で学級でまとまらないとき，「みんなで頑張ろう」と声をかけて周囲を元気付けていた。 ・校外学習などで，高齢者や幼児，体の不自由な人などに配慮して行動することができる

44 「生命尊重・自然愛護」

項目の趣旨 自他の生命を尊重し，進んで自然を愛護する。

【十分満足できる状況例】

生命尊重の精神	・命の大切さを訴える文学作品や芸術作品に関心をもち，他者に感動を伝えている。 ・自由課題では，命の尊さを訴える題材を頻繁に取り上げている。 ・道徳の授業などで生命尊重に関する発言を積極的にしている。 ・いじめや虐待のニュースに対して，生命の大切さの観点から心情を吐露することが多い。 ・メダカの飼育を通して命の大切さについて理解を深めた。 ・朝の1分間スピーチで命の大切さについて語った ・新聞のいじめ事件の記事を読み，いじめ被害者の気持ちを想像し，「自分は絶対にいじめはしない」とノートに書いていた。 ・家族や友達の命がかけがえのないものであることを理解し，大切にしようとしている。
動植物に対する関心・愛護心	・教室に花を飾り，毎日忘れずに世話をしている。 ・植物に対する愛情が深く，校庭に咲いている花の品種を自分で調べ，進んで手入れを行っている。 ・動物が好きで自ら飼育方法を調べるなど，飼育係の仕事に積極的に取り組んでいる。 ・動物に対する愛情が深く，作文や作品で動物を頻繁に取り上げるなど，学級に生命の尊さを伝えることに一役買っている。
自然に対する関心・愛護心	・休日によく登山に出かけるなど自然体験活動に興味があり，環境についての学習場面などで積極的に発言している。 ・地域の環境保護団体に属し自然愛護運動の活動を行っており，その経験を社会や総合的な学習の時間の学習に生かしている。 ・総合的な学習の時間で，環境問題についてレポートにまとめた。 ・省エネルギーやごみ削減の必要性を知り，自分にできることに取り組もうとする。

45 「勤労・奉仕」

項目の趣旨 勤労の尊さや意義を理解して望ましい職業観をもち，進んで仕事や
奉仕活動をする

【十分満足できる状況例】

学級における 取組	・委員会，係活動の仕事に自ら進んで取り組んでいる。 ・当番活動で自分の役割の大切さに気付き，最後まで仕事をやり遂げている。 ・目立たない仕事にも進んで取り組み，クラスのために着実に職責を果たすことができる。 ・進路の学習に真剣に取り組み，将来に対する確固たる目標をもてるようになった。 ・清掃活動の時間になるとすぐに担当箇所に行き，誰よりも早く取組を開始している。 ・誰に言われるでもなく，教室の清掃用具などを整理している。
学校生活全般 における取組	・委員会，係や当番活動の仕事において自分の目的意識や思いをもって取り組んでいる。 ・自分の生活が多くの人の勤労によって支えられていることに気付き，感謝の気持ちを伝えている。 ・委員会活動では，ごみゼロ運動を提唱して，自ら積極的に取り組んだ。
地域活動など における取組	・職業体験や地域活動を通して，勤労の大切さに気付き，積極的に社会や地域に貢献しようとしている。 ・自主的に清掃活動などに励んでいる。 ・子供会のリーダーとして自分の役割を自覚し，下級生の面倒をよく見ている。 ・地域安全隊員として活動し，地域の安全マップを作成するなど活躍している。 ・ユニセフ運動の目的を理解し，自分なりの思いをもって多くの活動に参加している。 ・地域清掃に進んで参加した。

46 「公正・公平」

項目の趣旨 正と不正を見極め，誘惑に負けることなく公正な態度がとれ，差別や偏見をもつことなく公平に行動する。

【十分満足できる状況例】

学習に対する取組	・意見交換のときは，話している人の意見を冷静に判断し，公平な立場で発言することができる。 ・差別や偏見を認めず，正しいと信じたことを堂々と発言できる。
学級における取組	・グループ活動の場面では，いじめにつながる言動を見過ごさず，注意することができる。 ・差別的な言動をすることがなく，誰に対しても公正・公平な態度で接している。 ・自分の意見と違ってもしっかり聞き，学級で話し合って決まったことはそれに従っている。 ・係，当番活動の仕事を怠っているクラスメイトに対して，公正・公平な態度で注意することができる。
学校生活全般における取組	・スポーツやゲームで勝つためにずるいことをしない。ルール違反をした人は仲のよい友達であってもきちんと注意することができる。 ・自分の利益にかかわらず，公平性が確認できない場合は再検討する必要があることを提案できる。 ・不公平な状況があるとき，全体に問題提起してまずは話合いで解決しようとする。 ・自分の主張に固執せず，相手の主張もよく聞き，より良い解決に向けた話合いに協力することができる。 ・少数意見にも耳を傾け，具体的な行動を取ることができる。 ・友達とトラブルが起きたとき，自分の利害にとらわれず，解決に向けて正しい判断で行動しようとする。 ・人によって態度を変えることがなく，公正・公平に判断して交流することができる。 ・偏見をもったり差別的な言動をしたりすることがなく，正義感を具体的な行動として発揮することができる。

47 行動の記録▷▷ 「公共心・公徳心」

項目の趣旨 規則を尊重し，公徳を大切にするとともに，我が国の伝統と文化を大切にし，国際的視野に立って公共のために役に立つことを進んで行う。

【十分満足できる状況例】

学級における取組	・クラスメイトの持ち物を自分の持ち物と同じように大切に扱っている。 ・自分さえよければという発想ではなく，学校や学級の利益に関心をもち，貢献しようとする意識が高い ・他者に迷惑をかけず，集団の一員としての誇りをもって行動することができる。
学校生活全般における取組	・公共空間を大切に思い，学校の環境美化に努めている。 ・学校だよりやホームページを興味をもって見るなど学校の情報を進んで集めている。 ・学校の歴史に関心をもち，自分の学校を大切にしている。 ・校内の施設，教室の備品や掲示物を大切に扱っている。 ・校外学習の折など，公共の施設や物品を大切に扱っている。
地域活動などにおける取組	・公共空間を大切に思い，地域社会の環境美化に協力している。 ・地域への愛着をもち，地域行事に積極的に参加している。 ・地域の文化財，名所，旧跡，施設などに関する造詣が深く，クラスメイトに紹介している。 ・社会の決まりや公共施設の決まりを守って活動する。 ・外国人旅行者がどうしたら観光を楽しんで，日本をよく知ってもらえるかを考えたり，観光ボランティアガイドの手伝いをしている。 ・なるべくごみが出ないように工夫したり，ごみを拾ったりしている。 ・公共空間では節度を守って行動している。
文化や伝統の愛護	・日本の文化や伝統に関心をもち，進んで学習している。 ・総合的な学習の時間では「日本」をテーマにして，歴史，文化，伝統などを意欲的に調べている。
国際的視野	・国際交流や国際親善事業に進んで参加している。 ・外国への関心が高く，映画鑑賞などを通して異文化の理解を深めている。

48 記入のポイント①
欄の考え方

何を書くか

　「総合所見及び指導上参考となる諸事項」は「生徒の成長の状況を総合的にとらえる」と規定されている。そこで，次の①～⑥の事項などを記載する。

　①　各教科や総合的な学習の時間の学習に関する所見

　②　特別活動に関する事実及び所見

　③　行動に関する所見

　④　進路指導に関する事項

　⑤　生徒の特徴・特技，部活動，学校内外におけるボランティア活動など社会奉仕体験活動，表彰を受けた行為や活動，学力について標準化された検査の結果等指導上参考となる諸事項

　⑥　生徒の成長の状況にかかわる総合的な所見

　なお，「障害のある生徒や日本語の習得に困難のある生徒のうち，通級による指導を受けている生徒については，通級による指導を受けた学校名，通級による指導の授業時数，指導期間，指導の内容や結果等を端的に記入する。通級による指導の対象となっていない生徒で，教育上特別な支援を必要とする場合については，必要に応じ，効果があったと考えられる指導方法や配慮事項を端的に記入する」とあるが，「個別の指導計画を作成している場合において当該指導計画に上記にかかわる記載がなされている場合には，その写しを指導要録の様式に添付する」ことで記入に替えることもできる（『通知』より引用）。

どのように書くか

　生徒の状態や成長の様子を表す顕著な事項を取り上げて，事実や証拠に基づいて記載する。日々の指導の中で繰り返し伝えた（フィードバックした）ことの中に生徒の状況を顕著に捉えたものがあれば，それを記すこともできる。

　今回の改訂では，教師の勤務実態を踏まえ，指導要録の作成に係る負担を軽減することが意識されている（表1）。

総合所見及び指導上参考となる諸事項の記入欄は？

総合所見及び指導上参考となる諸事項	
第1学年	
第2学年	
第3学年	

「総合所見及び指導上参考となる諸事項」を効率的に書くには（表1）

どのような書き方が推奨されているか　※『通知』より抜粋

- 要点を簡条書きとする
- 記載事項を必要最小限にとどめる
- 記述の簡素化を図る
- 簡条書き等により端的に記述する
- 精選して記述する
- 端的に記入する

どのようなことに注意すべきか

- 生徒の成長の状況を総合的に捉えられるように書く
- 評価活動そのものを簡素化するものではない　※二宮 (2019) p.127
- 指導要録の「指導の資料」（指導機能）と「外部への証明の原簿」（証明機能）
  を損なわないようにする　※石田 (2019) の示唆より

出典：
　二宮衆一　2019　「総合所見及び指導上参考となる諸事情」を生かした「個人内評価」の共有を
　　石井英真・西岡加名恵・田中耕治（編著）小学校・新指導要録改訂のポイント　日本標準
　石田恒好　2019　巻頭言／新しい指導要録を見て　指導と評価　2019年5月号　（一社）日本図書文化
　　協会

49 記入のポイント②
各所見の内容

各教科や総合的な学習の時間の学習に関する所見（**用語例はp106**）

　この所見は，学習成果の詳細な分析ではなく，指導に重要と思われる生徒の特徴的な事柄を書くことが望ましい。感性や思いやりなど観点別学習状況の評価や評定に示しきれない事項については，個人内評価を主としてこの欄に記入する。下記の事項について書くことが考えられる。

① 学習全体として見られる個々人の特徴。横断的比較による個人内評価事項

② 年度初めから年度末にかけて学習面での進歩の状況。縦断的比較による個人内評価事項

③ 学習に影響を及ぼす健康状況や学校教育法施行規則に従い，生徒の履修困難な教科について，特別な処遇をとった場合，その状況に関すること

④ その他，特に指導が必要である場合には，その事実に関すること

特別活動に関する事実及び所見（**用語例はp110**）

　この所見は，学級活動，生徒会活動，学校行事で担当した役割（係名や委員会名），それらの活動状況などを書くことが望ましい。さらに，リーダーシップや活動への意欲など特別活動全体を通して見られたよさや可能性，進歩や努力の跡が見られた姿，指導が必要とされる状況などについて記入する。

行動に関する所見（**用語例はp113**）

　この所見は，行動の記録の個々の項目について分析的に記述するのではなく，行動にかかわる全般の状況を捉えた上で，特徴を書くことが望ましい。記載する内容としては，下記の事項について書くことが考えられる。

① 全体的に捉えた生徒の特徴に関すること（全人的な個性）

② 個人として比較的優れている点や長所など。横断的な個人内評価事項

③ 年度初めと年度末とを比較し，行動の状況の進歩が著しい場合，その状況に関すること。縦断的な個人内評価事項

④ 指導上特に留意する必要があると認められる生徒の健康状況，その他，特に指導が必要である場合には，その事実に関すること

進路指導に関する事項（用語例はp118）

　この所見は，生徒の希望や適性など考慮し，どのような指導が行われ，また生徒自身がどのように判断したかをまとめることが望ましい。下記の事項について書くことが考えられる。

① 生徒の将来の希望や進学，就職など当面する進路についての希望
② 主体的な進路選択に対する生徒の意欲や態度についての事実
③ 自己の将来や進路に関する生徒の学習，活動状況などについての事実
④ ②及び③を通じて把握した生徒の特性等を踏まえつつ，生徒の希望を実現するために行った指導・助言

生徒の特徴・特技，部活動，学校内外におけるボランティア活動など社会奉仕体験活動，表彰を受けた行為や活動，学力について標準化された検査の結果等指導上参考となる諸事項（用語例はp120）

　この所見は，下記の事項について書くことが一般的である。

① 生徒の特徴・特技に関すること
② 部活動に関すること
③ 学校内外におけるボランティア活動など社会奉仕体験活動，表彰受けた行為や活動に関すること
④ 学力について標準化された検査の結果等指導上参考となる諸事項

　以下①～④について補足する。①としては生徒の特徴や特技，趣味，読書傾向などのうち，長所を把握する上で重要なものを書く。②としては部活動を通じた成長等に関して書く。③としては家庭や社会における奉仕体験活動等の善行，学校内外における表彰を受けた行為や活動，課外における活動のうち生徒の長所と判断されるものなどを書く。④については次節で説明する。

生徒の成長の状況にかかわる総合的な所見（用語例はp124）

　この所見は，生徒の成長の過程が分かるように書くことが望ましい。そこで，前の学年からの変化や，当該学年の初めからの変化など，時間軸を視野に入れた事実や解釈を記入する。

50 記入のポイント③ 標準化された検査

標準化された検査とは

生徒の能力や特徴には外から見ても捉えることが難しい部分がある。そこで，標準化された検査（以下，標準検査）を利用して，生徒理解や学習指導に役立てたい。標準検査を実施した場合，その記録は「総合所見及び指導上参考となる諸事項」の欄に記入する。

標準検査（standardized test）とは，信頼性と妥当性が確認されている検査の総称である。検査の制作過程において多量のデータを基にした検証が繰り返されており，結果は客観性の高い資料として扱われる。

学校で実施される標準検査には，学力検査，知能検査，適性検査，性格検査など様々な種類があり，よりよい指導を実現するために，目的に応じて使い分けられている（右表参照）。生徒の多面的な理解を目指して，複数の検査を組み合わせて実施する（テストバッテリーという）ことも実施されている。

結果の記入について

妥当性，信頼性の高い標準検査を実施した場合，指導要録に「検査した時期」「検査の名称」「検査の結果」を記入するとよい。検査の結果については，偏差値やパーセンタイル順位を書くことが基本となる。ただし，数値的な情報よりも，その後の指導に生かすことができる情報を具体的に書くのがよいこともある。検査の種類や生徒の実態に応じて必要な情報を取捨選択するとよい。

標準検査の結果を，教科や総合的な学習，特別活動，行動についての所見と関連付けて記入することも考えられる。

標準検査の中でも，個別式認知能力検査のように，実施，採点，解釈に専門的知識と技術を必要とするものは，専門家による実施が望ましい。その上で，これらの検査結果を指導要録に記入するかどうかは，個々のケースに応じて判断すべきである。記入することが「よさや個性を捉え指導に生かす」ことにつながるかどうかが検討のポイントになるだろう。

標準化された検査にはどんなものがあるの？

検査名	適用範囲	監修・編著者名	発行所名
◆標準学力検査◆			
教研式標準学力検査 NRT（集団基準準拠検査）	中新1～中3	辰野千壽・石田恒好・服部環・筑波大学附属小学校各教科官	図書文化社
教研式標準学力検査 CRT（目標基準準拠検査）	中新1～中3	北尾倫彦・筑波大学附属小学校各教科官	図書文化社
教研式読書力診断検査 Reading-Test	中1～中3	福沢周亮・平山祐一郎	図書文化社
TK式観点別標準学力検査 DRT	中1～中3	田中教育研究所	田研出版
◆集団式知能検査◆			
教研式新学年別知能検査 サポート	中1～中3	岡本奎六・渋谷憲一・石田恒好・坂野雄二	図書文化社
教研式認知能力検査 NINO	中1～中3	石田恒好・櫻井茂男・服部環・平山祐一郎	図書文化社
TK式 最新中学用B式知能検査	中1～中3	田崎仁	田研出版
◆行動・性格・適性検査ほか◆			
Q-U 楽しい学校生活を送るためのアンケート	中1～中3	田上不二夫・河村茂雄	図書文化社
教研式AAI 学習適応性検査	中1～中3	辰野千壽	図書文化社
教研式M-G 本明・ギルフォード性格検査	中1～中3	本明寛・久米稔・織田正美	図書文化社
教研式道徳性アセスメント HUMAN	中1～中3	押谷由夫	図書文化社
教研式PASカード 学年別進路適性診断システム	中1～中3	石田恒好・吉田辰雄・佃直毅・坂野雄二・服部環・原田悦子	図書文化社
STEP 生徒理解の総合調査	中1～中3	教育臨床研究所	大阪心理出版
一般職業適性検査 ［進路指導・職業指導用］	中2～中3	厚生労働省	雇用問題研究会
興味検査VRT 職業レディネス・テスト	中2～中3	労働政策研究・研修機構	雇用問題研究会
◆個別式検査◆			
日本版KABC-Ⅱ 個別式心理教育アセスメントバッテリー	2歳6か月～ 18歳11か月	日本版KABC-Ⅱ制作委員会	丸善出版
田中ビネー知能検査Ⅴ	2歳～成人	田中教育研究所	田研出版
WISC-Ⅳ 児童向けウェクスラー知能検査	5歳0か月～ 16歳11か月	日本版WISC-Ⅳ刊行委員	日本文化科学社

各教科や総合的な学習の時間の学習に関する所見

用語例 個人としての特徴に関すること

【観点との比較】
・各教科とも「知識・技能」「思考・判断・表現」面が優れている。
・努力を重ねており，どの教科も基礎的な知識が定着している。
・絵やグラフを使って表現することが得意で，学習発表会の資料づくりで優れた技能を発揮した。
・「思考・判断・表現」に優れ，社会や総合的な学習の時間の課題解決の場面で積極的な提案・発表が見られた。
・各教科で身に付けた能力を総合的な学習の時間で活用している。
・考え方が柔軟で，様々な課題解決学習で視点を広げ，対応している。
・音楽では優れた独創力を発揮している。
・美術や技術・家庭では，新しいアイディアを生み出す力に優れており，作品づくりに生かしていた。
・各教科における「主体的に学習に取り組む態度」が高い。
・「主体的に学習に取り組む態度」に優れており，分からないことは分かるまで調べている。
・問題解決のスキルが身に付いており，課題に直面しても自分で解決の糸口を見付けることができる。

【比較的優れている点】
・日頃から読書に励み，文章を書くことを得意とする。
・文章を正確に理解する力に優れている。
・地道に努力を重ね，校内漢字テストでは3年間上位の成績を取り続けた。
・社会が好きで，特に歴史に関心が高く知識も豊富である。
・数学的な処理能力に優れている。
・ものづくりに関心があり，美術や技術・家庭に意欲的に取り組んでいる。
・コンピュータの操作に習熟している。インターネットの利用やプレゼンテーションの資料を作成する際に，みんなから頼りにされている。
・基礎体力があり，運動能力も優れている。
・ユニークな発想をもち，発言をきっかけに授業が活発になることがある。

用語例 日常の学習状況に関すること

【学習に対する努力】
・家庭での学習習慣が確立しており，予習や復習に励んでいる。
・コツコツと学習を積み重ねており，基礎が身に付いている。
・全体的に粘り強く取り組み，時間をかけてでも必ず自分のものにしている。
・分からないことは放課後の補充学習に参加して教わり，理解しようと努めている。
・少しぐらいの失敗は気にせず，新しい発見に向けて努力する姿がうかがえる。
・話合い活動では，相手の意見をよく聞き，建設的な意見提案をしていた。

【学習意欲】
・一つずつ確実に進めていき，最後までやり遂げようとする意欲が強い。
・グループ学習でみんなの意見を整理したり発表したりするなど参加意欲が高い。
・授業中は進んで質問や発表をするなど，学習に対する意欲が高い。
・社会の出来事から自然現象まで様々なことに関心をもち，学習に生かしている。
・グループ学習で仲間と協力しながら，問題解決学習に意欲的に取り組んでいた。
・家庭でも楽器を演奏したり作曲を行ったりしており，音楽の授業への意欲も非常に高かった。

【学習態度】
・総合的な学習の時間で自分で興味あるテーマを見付けてくるなど積極的な学習態度が見られた。
・予習をしてから授業に参加し，学習内容をしっかりと身に付けている。
・学習態度は真面目で，作品づくりやノート整理も丁寧である。
・学習習慣が身に付いており，各教科とも基本的な内容が定着している。
・分かるまで先生や友達に質問したり教わったりしながら学習している。
・自分の意見を述べるとともに，クラスメイトの意見も取り入れながらグループの意見をまとめた。

【能力に関するもの】
・様々な分野に興味をもち，読書もよくするので知識が豊富である。
・情報の収集や活用能力に優れており，学級の新聞づくりにも積極的に取り組んだ。
・理解力に特に優れ，初めての学習内容もすぐに理解することができる。
・観察力に優れていて，理科のレポートづくりなどを得意とする。
・論理的思考力に優れており，ディベートなどの学習ではその力を十分に発揮する。
・運動能力が高く，運動会や球技大会などでは学級の代表として大活躍だった。
・身近な事象から課題を見い出す力，ものごとの本質を見抜く力をもっている。

用語例 教科の進歩の状況に関すること

【国語】
・夏休み以降，好んで本を読むようになり，読解力が高まった。
・相手の立場を尊重しながら自分の意見を論理的に述べる力が高まった。

【社会】
・ノート整理の仕方が身に付き，知識の定着が進み，社会の成績が伸びた。
・総合的な学習の時間で環境問題について調べ学習をして以来，社会問題に広く興味・
　関心が広がり，新聞やニュースをこまめにチェックするようになった。

【数学】
・個別指導で基礎・基本の定着を図り，数学的に考えようとする態度が育ってきた。

【理科】
・観察や実験が好きで，ものごとを科学的に探究しようとする態度が身に付いてきた。
・自然の事物を調べる学習を通じて，環境保全に寄与しようとする態度が育ってきた。

【音楽】
・音楽の楽しさが分かるようになり，器楽演奏が著しく向上した。
・みんなで合唱を創り上げた経験を通して，歌うことを楽しむようになってきた。

【美術】
・想像力を働かせて材料を組み合わせ，発想豊かな作品に仕上げていた。
・自由な発想のデザインのポスターを描いていた。

【保健体育】
・球技大会での活躍がきっかけとなり体育の授業に積極的に取り組むようになった。

【技術・家庭】
・ものづくりでは，生活に役立てる工夫を作品に生かしていた。
・食材について学び，栄養価を考えた献立を立て，調理していた。

【外国語】
・ALTとの交流がきっかけで英語が好きになり，学習への取組が意欲的になった。
・総合的な学習の時間での外国人へのインタビュー以来，英語の成績が向上した。

【総合的な学習の時間】
・グループごとの調べ学習では，仲間と協力しながら情報を収集したり，コンピュータで
　処理することを身に付け，発表する力を伸ばしていた。

【体力の状況及び学習に影響を及ぼす健康状況に関すること】

・昨年の秋に交通事故に遭い，足を骨折したため，治療をしている。現在松葉杖を使用している。

・聴力が弱く，補聴器を使用している。座席の配置や指示の伝え方には留意する必要がある。

・弱視のため，座席を前方にしたり，教材などは拡大コピーしたものを使用する必要がある。

・皮膚が弱く，紫外線に長く当たることを避けなければならない。

・心臓に疾患があり，激しい運動を医者から止められている。

・腎臓の疾患で定期的に通院しており，運動はできない。

・喘息のため欠席することが多い。休んでいる間の学習内容を伝える，家庭学習で補充できるような配慮が必要である。

・授業中に立ち上がって歩き回る傾向があり，教育研究所の教育相談を続けている。

【履修困難な教科について特別の処置を取った場合】

・車椅子を使用している。体育はボール拾いなどできる範囲で参加させた。

・心臓に疾患があり，体育の授業はほとんど見学した。運動については保護者及び主治医と十分連絡を取る必要がある。

・食物アレルギーがあり，調理実習時は事前に家庭と連絡を取る必要がある。

・摂食障害により半年間入院していた。退院後は短時間の担任面談から始め，1日2〜3時間登校，午前中登校と支援をし，通常登校へつなげた。

・難病を患い，起き上がることも難しい状態が続いている。教室に分身ロボットを置き，自宅からスマートフォンで接続して授業の様子が分かる環境をつくり，学校行事や一部の授業の様子を参加できるよう配慮した。

【指導が必要な事項】

・基礎的な計算問題を苦手としており，基礎・基本の定着を図るための個別指導が必要である。

・筆記が乱雑。文字を丁寧に書けるよう指導する必要がある。

・基礎・基本的な学習内容が定着せず，学び方の指導が必要である。

・文字を追って音読することが難しいため，教材を拡大コピーしたり，行間を広くする工夫を行った。

・肥満傾向にあり，体を動かすことが苦手で，運動能力も低い。映像教材を見せたり，個別目標を設定するなどの支援を行った。

52 特別活動に関する事実及び所見

用語例 学級活動

【学級や学校における生活づくりへの参画】
・学級の話合いでは積極的に発言した。
・リーダーシップを発揮し学級をまとめた。
・係や当番活動を責任をもってやり抜いた。
・委員や班長として自分の役割を十分に果たした。
・係活動の仕事に熱心に取り組んだ。
・学校行事の委員などに積極的に参画し，学級の代表として高い評価を受けた。

【日常の生活や学習への適応と自己の成長及び健康安全】
・場に応じた言葉遣いや礼儀正しい振る舞いができる。
・友達と協力しながら学校生活を送っている。
・校外学習の班行動計画作成時に，男女の意見を取り入れて計画をまとめていた。
・教育相談室を積極的に利用した。
・悩みをスクールカウンセラーに相談し，解決に向けて行動してる。
・交通ルールを遵守した行動を取り，近隣の方から褒められた。
・自らうがい・手洗いを励行し，ほかの生徒を啓発していた。
・テーブルマナー教室で教わった知識や技術を日頃の食生活に生かしている。
・総合的な学習の時間で食育について調べたことがきっかけで興味をもち，給食の栄養バランスについて資料をまとめた。

【一人一人のキャリア形成と自己実現】
・ほぼ毎日，学校図書館へ行き，読書に励んでいる。
・学校図書館の貸し出し冊数で，学年1位となった。
・課題解決学習の際に，積極的に図書室を利用している。
・ゲストティーチャーの話をうかがって興味をもち，地域のお祭りのお手伝いに参加し，地域の方々との交流を深めた。
・職場体験学習に積極的に参加し，働くことの意義ややりがいを学んだ。
・上級学校調べを通して，自己理解を深め，進路選択に関わる知識を高めた。
・自己の適性を考え，進路選択への理解を深めた。

用語例 生徒会活動

【生徒会の組織づくりと生徒会活動の計画や運営】
・生徒会役員として，学校生活の向上に大きく貢献した。特に，生徒会行事の企画・運営では，ほかの役員とともに協力しながら進めていた。
・生徒評議会では，各委員会の意見を尊重しながら，学校全体の視野をもち，建設的な提案をしていた。
・生徒総会では，学校生活の疑問点や改善点を各委員長に質問するなど，主体的に参加していた。
・生活委員として，月目標の設定や時間を守る活動において積極的に発言し，委員会活動を活性化させた。
・美化委員として学校に貢献し，清掃点検活動では自分に与えられた役割を責任もって果たしている。
・給食委員長として，給食時のマナー向上を全校生徒に啓発するとともに，給食委員会全体をまとめながら給食活動の効率化を図っていた。
・実行委員として学級と生徒会の連絡のパイプ役を担いながら，文化祭の運営に大きく貢献した。

【学校行事への協力】
・生徒会長として，周年行事で生徒代表の祝辞を述べた。その内容，態度は立派で，ほかの生徒の模範となった。
・運動会実行委員長に進んで立候補し，スローガンづくりや応援練習などに意欲的に取り組んだ。
・全校縦割り班の活動では，班長として下級生の面倒をよく見て，花壇の手入れや落ち葉清掃などに積極的に取り組んだ。
・全校合唱コンクールに向けた話合いでは，意見の対立を調整するなどして，よりよいアイディアの案出に貢献した。

【ボランティア活動などの社会参画】
・生徒会役員として，地域行事や他校との交流会などに参加し，その内容や成果を生徒会広報紙などで全校生徒に訴えた。
・生徒会主催の地域清掃や募金活動などに積極的に参加し，下級生のよい手本となった。
・ボランティア活動の意義を理解し，自分たちにできることをよく考えて取り組んだ。
・生徒会役員として，福祉施設や社会教育施設でのボランティア活動の企画・運営に積極的にかかわった。

用語例 学校行事

【儀式的行事】
・入学式で誘導係を進んで引き受け，優しく新入生を迎え，上級生としての自覚も出てきた。
・卒業式では，在校生代表として「卒業生と送る言葉」を述べ，厳かな雰囲気の中でその責任を果たした。
・始業式，終業式では，校歌の指揮者としてその責任を果たした。

【文化的行事】
・合唱祭では，指揮者として一人一人の歌声をまとめ，学級が学年の最優秀賞を獲得するのに大きく貢献した。
・文化祭実行委員として，テーマをしっかりと理解し，活動方針や計画を立てた。生徒の練習成果が発揮されるような会場設営なども工夫し，文化祭の成功に貢献した。

【健康安全・体育的行事】
・交通安全教室では，模範的な自転車の乗り方，避難訓練では救助袋の使い方を進んで演じ，ほかの生徒の安全意識の高揚に努めた。
・身体計測では，保健委員として係活動をしっかり行った。事前の準備，記録，後片付けまで責任をもって自己の役割を果たした。
・薬物乱用防止教室では，ロールプレイで薬物の恐ろしさを伝え，生徒の意識高揚に一役買った。
・運動会の学年団体種目では，練習の段階からリーダーシップを発揮し，努力した。その結果，学年の上位入賞を果たすことができた。

【旅行・集団宿泊的行事】
・修学旅行では，古都の文化に触れ，それを維持していこうとする方々との触れ合いの中で貴重な体験をした。これを契機に職業について関心をもつようになった。
・移動教室では，農業体験を通して地元の方々と交流して，事前学習の内容を深めることができた。

【勤労生産・奉仕的行事】
・校内美化活動では，その意義を十分に理解し，熱心に清掃活動に励んだ。
・職場体験で保育園に行き，園児たちがお弁当を食べるとき，プール遊びをするときなどよく面倒を見ていた。
・学区の清掃活動に進んで参加し，清掃ルートの作成や清掃用具の準備など活動をリードしていた。

53 行動に関する所見

用語例 「行動の記録」の各項目

【基本的な生活習慣】
・明るく元気な挨拶ができ，誰とでも仲よく生活できる。
・遅刻や欠席がなく，身だしなみを整えて登校している。
・忘れ物がなく，自分で持ち物の整理整頓ができている。
・礼儀正しく，基本的な生活習慣が身に付いている。
・時と場に応じた言葉遣いや立ち居振舞ができる。
・誰とでも分け隔てなく交流し，協力しながら学校生活を送っている。
・忘れ物もなく，授業規律を守り，積極的に授業に参加している。
・交通ルールや学校生活の決まりやマナーを理解し，守っている。

【健康・体力の向上】
・うがい・手洗いの励行など健康を保つことを心がけている。
・規則正しい生活を送り，給食も好き嫌いなく食べている。
・体育の授業にしっかり取り組むとともに，地域のスポーツクラブにも参加し，体力向上の努めている。
・衛生管理や病気予防に努め，健康的な生活を送っている。
・規則正しい生活を送り，日頃から自分の健康管理ができている。
・テニス部の部長として，部員をまとめ，県大会では2位入賞を果たすなど技術的にもめざましい成長が見られた。

【自主・自律】
・家庭学習に進んで取り組み，努力を重ねている。
・係活動に立候補し，当番活動に忘れずに参加していた。
・班長に立候補するなど，学校生活をよりよくしようという意欲的をもって自立的活動している。
・他人の忠告を素直に受け入れ，自ら改善しようとする態度が見られた。
・自ら考え，時と場に合った行動や態度を取ることができる。
・学級委員として学級の問題を自分たちの力で解決しようとする姿勢が見られ，クラスメイトからも信頼されている。

【責任感】
- 自分が引き受けたり割り当てられた仕事に対して，準備や片付けを最後まで責任もって行うことができる。
- ボランティア部の部長として，活動内容や時間，場所について部員と相手先の連絡調整役を担い，最後まで粘り強く仕事をしていた。
- 自分に与えられた役割に対していつも誠実に取り組み，クラスメイトから信頼されている。
- 自分の発言には責任をもって行動し，自分の務めを果たしている。
- 自分たちが決めたことにはどんな困難なことでも協力して，粘り強く取り組もうとする姿勢がある。
- 自分の仕事だけでなく，学級全体のことを考えて積極的に他人に協力しようとする姿勢が見られる。

【創意工夫】
- いろいろなことに興味関心があり，自分の生活にも取り入れている。
- 地域学習をまとめる掲示物を作成する活動では，レイアウトや色使いなどを工夫し，読みやすさを追求していた。
- 課題に対して自分なりの考えをもって，工夫しながら取り組んでいる。
- 何事にも好奇心旺盛で，特に創造的な学習活動に積極的である。
- 探究心が旺盛で，課題に対して納得するまで粘り強く取り組んでいた。
- 困難な課題に対しても，ユニークなアイデアや考え方で課題解決を図ろうとする態度が見られる。
- 友達の意見を参考にしながら，自分が苦手な教科の学習方法を工夫し，成果を上げていた。

【思いやり・協力】
- 友達を大切にし，困っている人に親切に接することができる。
- 誰とでも仲よくし，協力しながら学校生活を送っている。
- 相手の立場や気持ちを考えて行動することができる。
- 友達の相談を親身になって聞き，落ち込んでいるときは寄り添って励ますなど優しい行動ができる。
- 弱い立場や困っている人に対して親切に接することができる。
- 話合い活動で司会を務めるときは，発言の少ない生徒にも話しやすい話題を振るなどして，たくさんの参加者の発言を引き出していた。
- 合唱祭では，パートリーダーのアドバイスや指示をよく聞き，まわりの友達と一緒に協力していた。

【生命尊重・自然愛護】
・学級の飼育係を受け持ち，毎日えさやり，小屋掃除を続けている。
・草花が好きで，学級花壇の手入れを進んで行っている。
・学校農園の農作業体験に意欲的に参加した。
・ユニセフ募金活動に自主的に参加し，病気に苦しむ人々の理解と支援活動を積極的に行っている。
・高齢者を敬い，高齢者福祉施設でのボランティア活動に毎年参加している。
・環境問題に高い関心をもっており，地域の科学教室など様々な活動に熱心に参加している。

【勤労・奉仕】
・給食や清掃の当番活動に一生懸命取り組み，クラスメイトの模範になっている。
・夏休み中の学級園の水やりの当番を休まず行っていた。
・みんなの嫌がる仕事も進んで引き受け，一生懸命取り組んだ。
・学校生活全体を通して，みんなのために働こうとする言動が見られた。
・職場体験で高齢者福祉施設へ行き，食事の介助や話し相手になるなど熱心に取り組んでいた。
・小学校の教室整備ボランティアに参加し，人の役に立つ喜びを体感することができた。

【公正・公平】
・誰に対しても差別なく，平等に接することができる。
・善悪の区別ができ，それを発言したり，行動できる。
・感情的にならないで善悪の区別ができ，その場の雰囲気や友達の意見に流されず公平に判断することができる。
・誰に対しても差別的な言動はしないで，公平に接することができる。
・正義感があり，不正に対して毅然とした態度が取れる。
・何事も事実に基づいて客観的に判断し，考えることができる。

【公共心・公徳心】
・学級の決まりを守り，自分勝手な行動はしない。
・公私の区別をわきまえて行動し，公共物を大切に使用している。
・自分の都合よりも全体のことを考えて行動することができる。
・地域の伝統文化に対して関心を寄せており，地域の諸行事などに進んで参加して活躍している。
・学級や学校をよりよくするために貢献しようと努力している。
・集団の一員としての責任や義務を果たそうとする気持ちが強い。

【主として自分自身に関すること】

・学校の決まりや校則，みんなとの約束事や時間などをしっかりと守り，けじめのある生活を送っている。

・公私の区別，礼儀をわきまえており，場に応じた節度ある言動ができる。

・将来の大きな目標があり，その実現に向かって努力しようとしている。

・自分が決めたことや発言，行動の結果について責任をもつ姿勢がある。

・ものごとを冷静に考え，周囲の思惑に左右されることなく判断ができる。

・何事にも問題意識をもって積極的に取り組み，困難を抱えたときも安易に教師や他人の力に頼らず自分の力で解決しようとする。

【主として人との関わりに関すること】

・他人の親切に対して素直に感謝することができ，何事にも謙虚である。

・誰に対しても常に温かい態度で接し，相手の立場を深く理解して協調的に行動することができる。

・誰に対しても礼儀正しく接し，相手の人格を尊重するとともに，いろいろなものの見方や考え方を理解しようとする広い心と寛容さがある。

・異性の生徒ともお互いを高めるために教え合ったり，励まし合ったり，忠告し合ったりしている。

【主として集団や社会との関わりに関すること】

・集団における自分の役割を自覚し，与えられた任務をやり通す。

・グループや学級でリーダー的役割を果たしている。

・法や決まりの意義をよく理解し，集団や社会の一員としてそれらを遵守しようとする態度が身に付いている。

・係活動や当番活動などをいとわずに取り組み，集団や社会の一員としての意識を高めている。

・祖父母をいたわったり，弟，妹などの面倒を見たり，家事を分担するなど家族を思いやる気持ちが強い。

・地域の行事に進んで参加するなど，地域社会の発展に貢献しようとする態度が見られる。

・地域の伝統文化に対する関心が高く，自ら進んで行事の運営を手伝うなど，その普及に取り組んでいる。

・異文化やほかの国々の人々との交流を進んで行うとともに，将来は国際社会で自分の能力を生かし，社会の発展に貢献したいと考えている。

【主として生命や自然，崇高なものとの関わりに関すること】
・自然の事象や優れた芸術作品の美しさを捉えて素直に感動する心をもつなど，情操が豊かである。
・生命のかけがえのなさをよく理解し，動植物を愛し育てている。

【全体的な特徴】
・礼儀正しく，誰に対しても公平で親切であり，友達も多い。
・基本的な生活習慣がしっかりと身に付いており，真面目で責任感もあり，友達からの信望も厚い。
・明朗快活で，誰とでも仲よく活動ができる。

【個人として比較的優れている点】
・人の話をしっかり聞き，ものごとに誠実に取り組む。自分の役割を責任もって果たすことができる。
・困っている様子の友達には自分から声をかけ，仕事を手伝ったり，話をよく聞いたりしていた。
・友達を楽しませる言動や豊かなアイディアを発揮するなどして，学級の雰囲気を明るくしていた。
・何事にも前向きに取り組み，向上心あふれる姿が感じられる。

【行動の状況の進歩が著しい場合】
・○○部のキャプテンとして部活動の運営に悩んでいたが，仲間と相談協力しながら，リーダーシップを発揮し役目をやり遂げた。
・地域清掃のボランティア活動に参加して人の役に立つ喜びを感じ，その後もボランティア活動に参加するようになった。
・良好な友達関係を結べるようになり，相手の気持ちを推量したり，自己主張したりもできるようになった。

【健康状況及び配慮事項】
・喘息のため，運動の前後や急激に環境が変化したときには，発作が起きかけていないかなど，観察を要する。
・食物アレルギーのため，学校では除去食対応をしている。自分の体質についてよく理解し，食事や運動制限などを行っている。
・右手首複雑骨折治療中であり，リハビリを含めて6か月の加療を要する。右手首に負担のかかる学習活動や試験時には配慮を要する。

54 進路指導に関する事項

用語例 進路指導に関すること

【生徒の将来の希望や進学，就職など当面する進路希望】

・本人は医療・福祉関係に興味と関心がある。将来は看護師になることを希望しており，A高校の衛生看護科への進学を考えている。

・人のために役に立ちたいという気持ちをもっており，将来は警察官になりたいと考えている。当面する進路としては普通科高校への進学を希望している。進路についてのアドバイスには素直に耳を傾けている。

・科学的思考に優れ，理系の進路への適性を自覚している。大学に進学し，将来はプログラマーになりたいと考えており，現在はそれ以外の職業に関する知識や希望はもっていない。

・音楽関係の職業に就きたいと考えているが，収入が期待できそうだからというだけの理由に留まり，自分の能力や特性について理解を深めた上での進路選択には至っていない。

・将来は海外の企業で日本のよさを現地の人向けに発信する仕事がしたいと考えている。英語の学習に取り組もうという意欲をもっている。

【主体的な進路選択に対する生徒の意欲や態度】

・家族と話し合い，服飾関係の仕事に就くことを決意し，県立B工業高校のデザイン科への進学を希望している。

・家業の寿司店を継ぐことを希望しており，両親など身近な人から経験談を聞いて進路決定の参考にしようとしている。

・両親ともに家業の魚屋を継がせたいと考えているが，本人は将来新聞記者になりたいと考えており，新聞部に所属し活動している。社会の動きを勉強し，将来を見つめる力を付けるよう努力している。

・運動能力に優れ，スポーツに興味をもっている。将来サッカー選手になることを希望しており，そのために中学・高校時代に体力を増強することが必要であることを自覚して生活している。

・電気技術者になるという自分の希望を実現するために，普通科高校から電気関係の大学へ進学することを考えている。理数系の学習には，意欲的に取り組み，探究心もある。

【自己の将来や進路に関する学習や活動の状況】
・「身近な人の職業調べ」の活動に積極的に取り組み，それぞれの仕事の内容をよく理解して，きちんとまとめ，学年全体の前で発表した。
・学級活動で学校制度と希望進路の学習をしたとき，真剣に取り組み，希望実現のために，いま何をすべきかをじっくり考えようとする態度が見られた。その後，進路資料室などを熱心に利用している。
・英語が得意で，将来，通訳など語学力を生かした職業に就くことを希望している。英語検定4級に合格し，現在は，英語検定3級を目指して英語学習に取り組んでおり，成績にも好影響を与えている。
・職場体験学習で市内の幼稚園で働いた。子どもが好きで，本人も適性を感じており，意欲的に取り組んだ。
・C高校への進学と進路希望が決定し，授業中の態度に意欲が見られるようになった。家庭学習も計画的に取り組むようになった。
・将来は小説家になりたいと考えている。校内の文芸部に所属し，出版社のコンクールに応募したり，小説投稿サイトで執筆したりしている。
・スポーツドクターになることを希望している。現在は運動部のマネージャーとして，部員の食事の栄養バランスなど健康管理について進んで学び，助言を行っている。

【生徒の希望を実現するために行った指導・助言】
・将来，調理師になることを希望している。家庭でも話し合うなどして能力や適性などについて理解をすることが大切であると，三者面談で助言した。
・本人の将来の希望は明確だが，両親と食い違っており，人生の先輩としての両親の意見も参考にするよう，家族と話し合うことを勧めた。
・塾や高校入試の学習ばかり気にしすぎるため，入試科目以外の学習やクラスメイトとの人間関係づくりを進めることも大切であると指導した。
・将来，弁護士を希望している。いままでの成績や進路適性検査PASカードの資料を基に両親と話し合う中で，自分の能力を客観的に判断するよう助言した。
・本人もまだ自分の将来に関する考えがまとまらず，進路の希望がはっきりしないので，自分の得意な教科や運動，手先の器用さなどについて，身の回りの人の意見なども聞いてみるよう勧めた。
・小学校時代からのあこがれである，プロ野球選手を希望している。自分の能力や適性について自己理解が深められるよう指導した。
・進路に関する不安や焦りから，生活の乱れが気になる時期があった。個別面談に時間をかけて助言した結果，最近ようやく将来の目標が定まり，学校生活も安定し，仲間と力を合わせて楽しく生活している。

用語例 特徴・特技

【特徴】

・動物が好きで，家で小鳥の飼育に熱中しており，野鳥観察にも興味をもち始めている。

・切手収集が趣味で，すでに500点を超えるコレクションがある。

・小遣いを貯めて望遠鏡を買うなどして，天体観測を継続している。

・写真に興味をもち，休日には父親と遠出をして風景などを撮影している。

・旅行好きで，目的地を決めてはその交通経路や現地の特徴を調べるなど，地図や時刻表の見方に熟知している。

・サイクリングが好きで，休日には父や兄と一緒に出かけている。

・サッカーに詳しく，よく観戦に行き，選手の動向も調べている。

・音楽を聞くことが好きで，コンサートによく出かけ，また，レコードやCDの収集にも熱が入っている。

・ゲームが好きで，インターネットで全国の仲間と交流している。

【読書傾向】

・小説が好きで，学校の図書館をよく利用し，現在は○○の作品を愛読している。

・読書家で，学校をはじめ日曜日には近くの図書館に通う。最近は伝記物を読んでいる。

・推理小説が好きで，朝読書の時間にも○○の作品集などをよく読んでいる。またほかクラスの友達ともよく本の貸し借りをしていて家庭でも毎日の読書を欠かさない。

【特技】

・イラストを昼休みや放課後などは夢中になって描いており，作品は学級新聞にも載せている。

・書道を特技とし，○○展覧会では○○賞を受賞している。

・音楽好きで，バイオリンを習っている。合唱コンクールでは見事な指揮ぶりを発揮する。

・モダンバレエを習っており，ときどき発表会に出演するなど，近い将来の留学を夢見ている。

・水泳を得意とし自分の意志でスイミングクラブに通っている。

・自分の考えを相手に分かるように話したり，人の話をまとめるのが上手である。会議の司会や議事進行の役にいつも選出される。

【資格】
- 珠算1級（令和○○年○月取得）
- 英検3級（令和○○年○月取得）
- 漢字能力検定4級（令和○○年○月取得）
- 囲碁初段
- 新体力テスト総合評価A

用語例 部活動

- 野球部。1年間がんばって朝練習や放課後などの練習に参加した。秋の新人戦からは外野手として，また，中心打者として活躍した。
- テニス部（4〜7月），卓球部（9〜3月）。年度当初はテニス部で活動していたが，人間関係のトラブルがあって6月頃より練習を休みがちになった。9月からはテニス部を退部して新たに卓球部の一員となり，人間関係は良好で練習にも意欲的に参加している。
- バスケットボール部。キャプテンとして信望を集めた。選手の起用法や戦術をめぐって意見の対立があるときも建設的な話合いとなるようにリードし，チームがよりよくまとまるように貢献した。
- 陸上部。走り幅跳びの練習に熱心に取り組み，市の新人大会に出場して入賞を果たした。
- 剣道部。日々の練習を欠かさず，技術だけではなく礼法も積極的に学び，心身共に大きく成長した。
- ダンス部。ダンスの練習に打ち込む中で自分を表現することの楽しみを覚えたと述べ，授業や行事でも物怖じせずに発言している。
- 美術部。作品を仕上げるのが早く，ポートフォリオも豊か。自己表現の方法としてイラストを積極的に活用しており，休み時間にはクラスメイトに描き方を教えたりしている。
- 吹奏楽部。トランペット担当。年度当初はあまりうまく吹けなかったが，夏休みに努力を重ね，かなり上達した。秋の市内中学校吹奏楽部演奏会には自信をもって臨むことができた。
- 演劇部。11月の文化祭では「劇○○」の主役の大任を見事に果たし，その演技は生徒からも好評であった。以後，学校生活の様々な面で自信をもって行動するようになった。

学校内外におけるボランティア活動など社会奉仕体験活動

- ブラスバンド部に所属し，時々，校区の福祉施設を部員とともに訪問して演奏を披露している。
- 生徒会役員として，○○災害救済のためのバザーや使い古しハガキの回収などで中心的役割を果たした。
- 保育園での職場体験学習後も，サークル仲間で人形劇をつくり，園児に向けて公演を続けている。
- 近所の教室で手話を学び，また，ボランティアグループにも所属して障害のある人たちとの交流を深めている。
- 月1回，町内の公園の清掃活動に参加している。近所の方々からも感謝の言葉を受けている。
- PTA主催のリサイクル運動にいつも参加し，資源ごみ回収やリサイクル品のバザーの呼びかけを地域で行っている。
- 小学生の時から通っている地元の剣道場で，毎週小学生に稽古を付けるなどして，面倒を見ている。
- 不登校の友達の家をしばしば訪ね，その保護者から感謝されるとともに学校復帰のために大きな力となった。

表彰を受けた行為や活動

- 路上で倒れていた高齢者を助け，警察署から表彰を受けた。
- 下校時に火災を発見し，少年消防団の経験を生かして初期消火に協力し，消防署から表彰を受けた。
- バレーボール部キャプテンとしてチームをよくまとめ，市の大会で優勝した。
- 陸上部に所属し，県大会3000メートル走で3位に入賞した。
- 市内中学校水泳大会で，50メートル自由形2年男子の部で優勝した。
- 絵画を得意とし，ポスター作品は県大会に出品されて会長賞を受賞した。
- 演劇部に所属し，○○地区演劇コンクールで優勝した。
- ○○主催による読書感想文コンクールに応募し，最優秀賞を受賞した。
- ○○主催の地球環境ポスターコンクールに応募し，優秀賞を受賞した。
- ○○主催の児童生徒発明工夫展に生活器具の作品を応募し，アイディアが評価されて市長賞を受賞した。
- 歯の健康優良生徒として表彰を受ける。

【学力などに関する標準検査】
・4月18日。教研式標準学力検査NRT，国語SS53，数学SS43，英語SS48。教研式知能検査サポートSS58。新成就値−10のアンダー・アチーバー。NRTの結果からは数学の基礎学習が必要である。
・2月6日。教研式標準学力検査CRT，得点率国語75％，社会68％，数学65％，理科60％，英語72％。社会，数学，理科の思考・判断・表現が努力を要する状況。総合的な学習の時間で課題解決的な学習を課したり，思考力を高める指導が必要である。
・5月25日。教研式認知能力検査NINO，認知能力SS54。数的能力が高い。問題を解く速さと正確さは，「バランスタイプ」である。
・4月15日。教研式学習適応性検査AAI，SS47。「自己効力感」「自己統制」「メタ認知」の力が弱い。
・10月1日。教研式読書力診断検査Reading-Test，読書力偏差値52。読字力と文法力が高い。

【行動などに関する標準検査】
・6月10日。楽しい学校生活を送るためのアンケートQ-U。学級満足度尺度は学級生活満足群。学校生活意欲尺度は全体的に得点が高く，特に進路意識と学習意欲が高い。
・4月20日。教研式道徳教育アセスメントBEING。「道徳性を支える3つの力」のうち，「前向きにとらえる力」が伸びている。
・4月25日。教研式道徳性アセスメントHUMAN。今回の結果では，特に視点C（集団や社会との関わり）に優れる。
・5月20日。教研式POEM（生徒理解カード）。適応のタイプは不確定型。自分自身の欲求を統制できない，自己主張が強く自分勝手，自制心に欠けて衝動的などの自己認知をもっている。

【その他の標準検査】
・5月10日。教研式進路適性検査PASカードによると，「技術」「研究」分野への興味が高く，「数」「論理」領域への自己評価が高い。
・8月20，27日。KABC-II，認知総合尺度80，継次尺度66，同時尺度79，習得総合尺度93。音だけを手掛かりにして順番に情報を処理することが苦手と推察される。視覚情報を用いた全体を見渡せるような支援が必要である。

56 生徒の成長の状況にかかわる総合的な所見

用語例 教育上特別な支援を必要とする生徒

【障害のある生徒】
・学習障害。教科の基礎的・基本的な内容を中心に学習。成果：基礎学力の向上が見られるようになった。また，学習への意欲が少しずつ出てきた。
・自閉症スペクトラム障害のため週2日，月・木曜日，朝から放課後まで本校併設の通級指導教室（情緒障害）で人間関係をはぐくむための指導を受けている。成果：単語程度ではあるが友達との会話ができるようになってきた。

【日本語の習得に困難のある生徒】
・来日して間もないため，日本語は理解できない。そのため，週2回，2時間程度，市から派遣された日本語教師による指導を受けていた。日本の学校生活に慣れるためにクラスメートや教員の支援が必要である。
・本人は日本語がほぼ理解できないが，英語なら意思疎通ができる。保護者は簡単な会話なら理解できる。そのため，英語科教員の担任するクラスに所属させた。
・生徒本人も保護者も日本語はほとんど理解できない。市から派遣された日本語教師による指導を受けるとともに，留学生支援センターを紹介し，支援を受けるよう助言した。

【通級指導などを受けている生徒】
・学習全般に遅れを示し，人間関係を結ぶことが苦手で集団生活になじめず，昨年度2学期後半より登校できない状態が続いている。今年度5月より現在まで○○中学校適応指導教室へ週2回，2時間ずつ継続的に登校している。小学校の算数や漢字の学習を行い，少しずつ学ぶ意欲が見られるようになった。また，生活習慣も改善し，登校しようという気持ちも表れている。定期試験も適応指導教室で受験していた。
・集団生活になじめず，特定の学習に著しい遅れが見られたため，本校の通級指導教室で週1回，2時間の適応指導を受けている。スクールカウンセラーの指導により，言動や気持ちの落ち着ける方法を知り，学級内で友達とのトラブルも減っている。
・吃音などがあったため，週2日，2時間，○○中学校「ことばの教室」へ2年間通級した。症状は改善され，教室内で音読できるようになったり，友達との会話も増え，明るく学校生活を送れるようになった。

- 白血病を患い，1年生3学期より8か月間○○病院院内学級で学んだ。1日1時間程度の軽度の学習から始め，教員の指導を受けながら，1日4時間程度，各教科の学習を継続した。
- 入学当初より不登校傾向を示し，集団への適応に困難があったため，9月から本市の適応指導教室に通級。少人数での集団活動を継続する中で友人関係が徐々に広がり，作業や運動には自分から参加するようになった。
- A市の適応指導教室に毎日通級して，社会性の育成中心の指導・支援を受けている。成果：人間関係の回復，課題解決への自主的参加。

【家庭・学習環境にかかわるもの】
- 9月に台湾より編入学。父親が5年前から日本で働いていたことによる来日。生徒本人は日本語が話せないため，父親やボランティアの指導を受け，片言が通じるようになった。
- 1月にアメリカから編入学した。週1回木曜日に，本市の○○中学校併設の日本語学級に通っている。はじめは日本語は話せなかったが，生徒たちと簡単な会話程度なら交わせるようになってきた。
- 5月にアメリカ，フロリダから編入学。現地には4年間滞在し現地のミドルスクールに通っていたが，日本語塾にも通い，日本の教材にも取り組んでおり，日本語での日常会話に問題はない。
- 6月にフランスから帰国した。小さい頃から現地校に通学していたため日本語がまだ不十分であり，市から派遣されている日本語の指導者の援助を受けて，日常会話程度は理解できるようになった。
- 幼い頃より芸能活動をしており，平日に仕事が入ることも多く，欠席がちである。学習面などに遅れが出ないように，保護者と連絡を密にしながら配慮していく必要がある。
- 宗教○○の関係で，生徒の在校中の発病や怪我については，その都度保護者への連絡を確実に行う必要がある。なお，年度当初に学校生活の安全について保護者の理解と協力を得た。
- 宗教○○の関係で，○○はまったく口に入れない。ほかの食材を口にすることは問題ないので給食では当該の食材だけ取り除く。献立の発表時には保護者に確認する必要がある。
- 保護者より申し出があり改姓した（令和○○年○月○日，母親の籍に入籍したことによる）。
- 祖父（後見人）が保護者になっていることにより，生徒本人と保護者の姓が異なっている。

用語例 生徒の優れている点や長所，進歩の状況

【教科学習について】

・英語が苦手なため，夏休みの学習教室において基礎から学習し直したところ，かなりの成果が現れ，2学期の評定も2から3に上がった。

・国語の漢字の書き取りが苦手だったため，毎日漢字練習帳に練習してくることを指導した。その結果，かなり自信を付け，漢字小テストでも満点に近い点数が取れるようになった。

【学習全般について】

・地元の商店で職場体験をしたことにより，挨拶，言葉遣い，時間厳守など社会性の成長が見られ，また，職業に対する考え方が現実的・具体的なものに変化してきていることが見て取れる。さらに，夏休みの自由研究では地元の産業の変遷と社会情勢の変化について調査するなど，自分の住む地域に対して大きな関心をもつようになった。

・課題解決学習では，環境保護の問題に興味を抱き，インターネットを活用して広い視野から情報を収集し，レポートを作成した。これを契機に学校や家庭での生活を見直し，生徒会役員に提案するとともにPTAの協力も得て，資源ゴミや有価物の回収，廃棄物の減少化の活動を行っている。

【課外活動について】

・修学旅行では広島を訪れ，被爆者から直接に戦争体験を聞いたことから平和の貴さを実感したようで，その後は主体的に世界平和に関する学習をしたり，ユニセフ募金を呼びかけたりするなど，地道な活動を続けている。

・文化祭の実行委員に選出され，当初は気乗りしない様子だったが，クラスメイトの協力と支援を得て運営に携わる中で，自分の役割の重さと意義を実感して，後半は意欲的に文化祭の実施に取り組んだ。その後は，学級の仕事を進んで引き受けるなど，積極性が随所に見られるようになり，集団に寄与しようとする意識と態度が顕著になってきた。

・吹奏楽部に所属し○○吹奏楽コンクールにおいて金賞を受賞した。技術的に高くないことを自覚し，「みんなに迷惑をかけたくない」と人の何倍も練習してきた。その結果が徐々に表れ，秋の定期演奏会ではソロを演奏するまでに上達した。他人の気持ちを思いやることができ，後輩の指導にも長けている。

・進路学習を通して自己の特性や能力を真剣に見つめ直したことで，自分のよさや適性の理解が深まり，それまでの漠然とした進路希望から，将来の職業生活までを見通した進路先を考えるようになり，資料や情報を努めて収集するようになった。

【生徒の特性について】

・誰にも公正で，思いやりのある態度で接することができ，クラスメイトからの信頼が厚い。特に，孤立しがちな生徒には心配りし，声をかけたり活動に誘ったりするなど，きめ細かい配慮ができる。学級で生徒間にトラブルがあったときには，学級委員として責任を感じて一生懸命に人間関係の調整役を努め，問題を解決に導くことができた。

・理数系の科目に関心が深く，コンピュータを得意としている。総合的な学習の時間でのコンピュータを駆使した発表が学級の中で大きな評価を得て以来，一層意欲が増したようで，将来の進路としてコンピュータ関係の仕事へと進みたいという意思が明確になってきた。数研式進路適性検査PASカードによると，「技術」「研究」分野への興味が高く，「数」「論理」領域への自己評価が高い。

・学力は全般的に特に高い程度である。4月16日。全国学力・学習状況調査正答率，国語94％，数学96％。4月22日。数研式標準学力検査NRT国語SS68，社会SS62，数学SS65，理科SS65，英語SS70。英検3級（令和○○年○月取得）。英語を得意としており，総合的な学習における外国人インタビューでも，外国人も驚くほどの流暢なコミュニケーションを取っていた。また，インターネットを利用して外国人と英語でメールの交換をしている。将来は大学進学を目指し，通訳や外国人ガイドなど語学力を生かした職業に就くことを希望している。

・両足に障害があり，松葉杖に頼る生活だが，明るく自立心が旺盛で，体育や遠足などの行事にも可能な限り人手を借りずに参加している。将来は大学で障害者福祉を学び，福祉施設で働きたいという強い希望をもっている。

要録の完成まで
もうひとがんばり!

57 出欠の記録① 「日数」

日数に何を書くか

　出欠の記録の欄は，「授業日数」「出席停止・忌引等の日数」「出席しなければならない日数」「欠席日数」「出席日数」を記す。

　授業を実施した「授業日数」を基礎として，個人的事情による日数を順に引き算していけば，「出席日数」が出てくるようになっている。該当する日数がない場合は空白のままにせず，正確を期するため数字の0（ゼロ）を記入するのが適当である。

（授業日数）−（出席停止・忌引等の日数）＝（出席しなければならない日数）

　「授業日数」は，学校の所定の教育課程を実施した日のことである。同じ学年の生徒については（転学や退学等をした生徒を除いて）同一日数とすることが適当である。

　「出席しなければならない日数」は，「授業日数」から「出席停止・忌引等の日数」を差し引いた日数が記入されることになる。したがって，「出席停止・忌引等の日数」がゼロの生徒は，「出席しなければならない日数」は「授業日数」と同じ日数となる。

（出席しなければならない日数）−（欠席日数）＝（出席日数）

　「欠席日数」は，「出席しなければならない日数」のうち，病気や事故などで欠席した日数を記入する。

　「出席日数」は，「出席しなければならない日数」から，「欠席日数」を差し引いた日数で，実際に学校に出席した日数である。

　なお，指導要録上，出席扱いとすることができる様々なケースについて，『通知』の参考資料（〔参考2〕指導要録に関連して文部科学省が発出した主な通知等）の中に示されている。下記URLを参照されたい。

　https://www.mext.go.jp/a_menu/shotou/new-cs/senseiouen/ 1414600.htm

「日数」の記入例

区分 学年	授業日数	出席停止・ 忌引等の日数	出席しなければ ならない日数	欠席日数	出席日数	備　　　　　考
1	203	5	198	1	197	忌引（父死亡）5　法事のため欠席1
2	203	4	199	3	196	家族に赤痢発生出停4 欠席は風邪2，腹痛1
3	199	5	194	0	194	本人風疹のため出停4　入試1

◆『通知』の「別紙2：中学校及び特別支援学校中学部の指導要録に記載する事項等」より

(1)　授業日数

　　生徒の属する学年について授業を実施した年間の総日数を記入する。学校保健安全法第20条の規定に基づき，臨時に，学校の全部又は学年の全部の休業を行うこととした日数は授業日数には含めない。

　　この授業日数は，原則として，同一学年のすべての生徒につき同日数とすることが適当である。ただし，転学又は退学等をした生徒については，転学のため学校を去った日又は退学等をした日までの授業日数を記入し，転入学又は編入学等をした生徒については，転入学又は編入学等をした日以後の授業日数を記入する。

(2)　出席停止・忌引等の日数

　　以下の日数を合算して記入する。

　① 学校教育法第35条による出席停止日数，学校保健安全法第19条による出席停止日数並びに感染症の予防及び感染症の患者に対する医療に関する法律第19条，第20条，第26条及び第46条による入院の場合の日数

　② 学校保健安全法第20条により，臨時に学年の中の一部の休業を行った場合の日数

　③ 忌引日数

　④ 非常変災等生徒又は保護者の責任に帰すことのできない事由で欠席した場合などで，校長が出席しなくてもよいと認めた日数

　⑤ 選抜のための学力検査の受検その他教育上特に必要な場合で，校長が出席しなくてもよいと認めた日数

(3)　出席しなければならない日数

　　授業日数から出席停止・忌引等の日数を差し引いた日数を記入する。

(4)　欠席日数

　　出席しなければならない日数のうち病気又はその他の事故で生徒が欠席した日数を記入する。

(5)　出席日数

　　出席しなければならない日数から欠席日数を差し引いた日数を記入する。

　　なお，学校の教育活動の一環として生徒が運動や文化などにかかわる行事等に参加したものと校長が認める場合には，指導要録の出欠の記録においては出席扱いとすることができる。

(6)　備考

　　出席停止・忌引等の日数に関する特記事項，欠席理由の主なもの，遅刻，早退等の状況その他の出欠に関する特記事項等を記入する。

58 出欠の記録② 「備考」

何を書くか

　備考欄には，「出席停止・忌引等」の日数に関する特記事項，欠席理由の主なもの，遅刻・早退等の状況など，出欠に関する特記事項を記入する。欠席の多い生徒については，欠席理由や日数の内訳などを記入する。遅刻・早退等については記録する欄がないが，その回数が著しく多いなど，指導上注意を要する生徒については，その状況や理由などを記録する。

忌引日数の基準

　生徒の忌引についての全国的な基準はないが，参考までに「人事院規則15-14（職員の勤務時間，休日及び休暇）」第22条第12号別表第二に示している国家公務員一般職の場合の取扱いは，次のとおりである。

【死亡した者】　　　　　　　　　　　　　　　　【日数】
・配偶者……………………………………………7日
・父母………………………………………………7日
・子…………………………………………………5日
・祖父母……………………………………………3日
　（職員が代襲相続し，かつ祭具等の継承を受ける場合にあっては，7日）
・孫…………………………………………………1日
・兄弟姉妹…………………………………………3日
・おじ又はおば……………………………………1日（同上，7日）
・父母の配偶者又は配偶者の父母………………3日
　（職員と生計を一にしていた場合にあっては，7日）
・子の配偶者又は配偶者の子……………………1日（同上，5日）
・祖父母の配偶者又は配偶者の祖父母…………1日（同上，3日）
・兄弟姉妹の配偶者又は配偶者の兄弟姉妹……1日（同上，3日）
・おじ又はおばの配偶者…………………………1日
※葬祭のため遠隔の地に赴く場合にあっては，往復に要する日数を加えた日数

「備考」の用語例

事項	用語例	留意点
出席停止・忌引	●インフルエンザのため出席停止5日	・発症後5日を経過，かつ解熱後2日経過するまで
	●百日咳のため出席停止5日	・特有の咳が消失する又は5日間の適正な抗菌性物質製剤による治療が終了するまで
	●麻疹のため出席停止6日	・解熱後3日経過するまで
	●流行性耳下腺炎のため出席停止4日	・耳下腺，顎下腺又は舌下腺の腫脹発現後5日経過かつ全身状態が良好になるまで
	●風疹のため出席停止7日	・発疹が消失するまで
	●水痘のため出席停止5日	・すべての発疹が痂皮化するまで
	●咽頭結膜熱のため出席停止5日	・主要症状が消失した後2日経過するまで
	●忌引7日（父死亡）	・生徒についての規定はないので，自治体職員の例を準用する
	●台風被害（床下浸水）のため出席停止3日	
	●高校受験3日	・公私を問わず受験した日数
欠席	●風邪のため欠席6日	
	●保護者都合による欠席5日	・事故欠席扱い
	●タレント活動による欠席38日	・事故欠席扱い
遅刻・早退	●骨折治療通院による遅刻12日	
	●発熱による早退2日	
	●クラブチーム試合参加による早退4日	
学校外施設等	●教育支援センター「あおぞら」に127日通所	・校長が認める場合は，不登校の生徒が学校外の施設で相談・指導を受け，または自宅において ICTなどを活用した学習活動を行ったときは，出席日数の内数として，出席扱いとした日数及び施設名または自宅における学習活動によることを記入する
	●不登校により，自宅においてICTを活用した学習を45日実施	

59 「卒業」「進学先・就職先等」

「卒業」に何を書くか

この欄には，校長が卒業を認定した年月日を記入する。原則として，3月31日が適当であるとされている。

> ＊「学齢簿および指導要録の取扱について」（昭和32年2月25日付け，文初財第八三号，各都道府県教育委員会等あて，初等中等教育局長通達）
> 「卒業の場合は、校長が卒業を認定した日（原則として三月末であることが適当である。）を卒業年月日とすること。」

「進学先・就職先等」に何を書くか

①進学した者については，進学先の学校名および所在地を，②就職した者については，就職先の事業所名および所在地を，③就職しながら進学した者（定時制高校のような場合）については，①と②の両者を，④家事または家業に従事する者については，その旨を，それぞれ記入する。

卒業の際に，この指導要録の記入は完結するが，そのときに進路が決まっていなくて記入できない者については，後になって確定した場合には連絡を受けて記入するようにする。

なお，学齢の超過による退学等の場合には，「転学・退学」の欄への記入とあわせて，本欄に退学後の状況を記入する。

参考様式の記入例

卒　　業	令和3 年 3 月 31 日

卒業の年月日は，卒業式を行った日ではなく，原則3月31日となる!

「進学先・就職先等」

進　学　先 就　職　先　等	文京区立○○高等学校 東京都文京区○○1丁目4番15号

※特別支援学校の場合

進　学　先 就　職　先　等	東京都立○○特別支援学校 東京都文京区○○2丁目8番1号

※就職の場合

進　学　先 就　職　先　等	株式会社○○製作所 東京都文京区○○3丁目5番6号

60 転入学・転学があったとき①

「転入学」の記入

　「転入学」とは,ほかの中学校の生徒が転校してきた場合のみを言う。したがって，中学校以外の学校，例えば，在外教育施設から移ってきた場合などは転入学には含めず，「編入学」として扱うことになっている。

　この欄には，転入学の年月日，転入学年を記入し，その余白に，転入学以前に在学していた学校名，その所在地，及び転入学の事由等を記入する。もちろん，この転入学年月日も教育委員会が指定した年月日であって，保護者は，生徒の住所地に変更があったときは，速やかに新住所地の市町村長に届け出なければならない。また，市町村長はその旨を速やかに当該市町村の教育委員会に通知することとなっている（学校教育法施行令第4条）。

「転学」の記入

　「転学」とは,生徒がその学校からほかの小学校に転校する場合を言い,「転入学」に対応する概念である。

　この欄には，転学した先の学校がその生徒を受け入れた日の前日に当たる年月日を，下部の括弧のない年月日の欄に記入し，その余白に転学した先の学校名，所在地，転入学年及びその事由などを記入する。

　この欄の上部の括弧のある欄には,生徒が転学のために学校を去った年月日，例えば，その学校の最後の授業を終えて学校を去った年月日を記入する。

　転学の際には多くの場合,転学のための旅行日数が何日か生じる。このとき,転学のために学校を去り，すでにその学校には通学していないが，その生徒が転学した先の学校でまだ受け入れられていないため，その生徒の籍はまだもとの学校に置いておかなければならないということがある。このように，事実としてはその学校に通学していないが，なおその学校の生徒とみなす日と，正式にその学校の生徒ではないとした日とを区別するために，二通りの年月日を記入することになっていると解される。

参考様式の記入例

転　入　学	令和2　年　1　月　8　日　第　2　学年転入学 川越市立〇〇中学校 埼玉県川越市〇〇2丁目7番1号 保護者の勤務地が変わり，本校学区域転居のため

＊「転入学」に記入する。

転学・退学等	（　令和2　年　10　月　9　　日　） 　令和2　年　10　月　11　　日 山口市立〇〇中学校 山口県山口市〇〇町229番地 第2学年転入学。保護者の転居のため

＊「転学・退学等」に記入する。

＊括弧内には，生徒が転学のために学校を去った年月日を記入する。

＊その下には，転学した先の学校がその生徒を受け入れた日の前日に当たる年月日を記入する。

いずれの学校の授業日数にも該当しないので
出欠の記録上はカウント外になる。

長期休業期間中に転学の申し出があった場合

夏季休業や冬季休業など，長期休業期間中に生徒から転学の申し出を受けることがある。その際の指導要録の記入について，ここでは，夏季休業中の7月22日に転学の申し出があったケースを想定して説明していく。

この場合，指導要録の「転学・退学等」の欄の上部の括弧書きの年月日について，1学期の授業のあった最終日（例：7月19日）を記入するのではなく，そのまま「7月22日」と記入する。平常の場合は，申し出をしても授業を受け続ける日があるため，申し出た日と年月日が一致しないが，休業中であれば，申し出のあった日を去った日としてよいのである。

その下の括弧のない年月日には，実際に去った日ではなく，学校に籍があるとみなす日（転学した先の学校が生徒を受け入れた日の前日）を記載する。そのため，例えば転学した先の学校が9月1日に生徒を受け入れた場合，8月31日と記載することになる。長期休業中は，平常の場合の転学より，実際に去った日と学校に籍があるとみなす日の差が大きくなる場合があることに注意されたい。

また，長期休業期間中は，転学した先の学校からの転入の問い合わせに関する返信が遅れがちになり，転学した先の学校に何日に転入したか不明になることがある。その場合の7月の在籍の取扱いについて，原則はあくまでも転学した先の学校あるいは教育委員会に問い合わせて転入日を確認してから数えるものであるが，例えば転学先の学校が8月1日以降を転入日として指定した場合，見込みとして7月31日まで在籍していたことになるだろう。

指導要録以外の書類の記載事項について

長期休業期間中に転学の申し出があった場合，指導要録以外にも事実に基づいて変更を反映する必要がある。例えば，「在学証明書」や「出席簿」においては，転学がない生徒と記載事項に違いが生じる。一例を右に示す。

転学があった生徒の書類のポイント（指導要録以外）

在学証明書

在学証明書の「○月○年まで在学したことを証明する」の日付には，実際に学校を去った日（括弧書きの年月日）ではなく，学校に籍があるとみなす日（括弧のない年月日）を記載する。これは長期休業中の転学でも同様である。

(例)7月22日に転学の申し出があり，転学した先の学校が9月1日に受け入れた場合，8月31日まで在学したということになり，その証明書を発行する。

出席簿の月末統計

出席簿の月末統計の「月末」とは，文字通り該当の月の末のことをさす。長期休業中の転学（例：夏季休業中の7月22日の転学）の場合の「月末」とは7月31日をさすのか，それとも最後の授業日7月19日をさすのかで迷いやすいが，このケースでも月末統計の基準とする「月末」とは7月31日である。そのため，転学先の受け入れ日が8月1日以降であれば7月31日までは在籍とみなし在籍者に数える。そして，受け入れ日が7月23日から7月31日の間であれば7月31日時点で籍はないため在籍者として数えないこととなる。

転学に伴う，さまざまな書類の処理について注意しよう。

62 退学があったとき

「退学等」の記入

「退学」とは，「編入学」に対応する概念である。すなわち，退学には次のような場合が含まれる。

① 在外教育施設や外国の学校等に入るために学校を去る場合

② 学齢（満15歳に達した日の属する学年の終わりまで）を超過している生徒が，就学義務がなくなったことによって学校を去る場合

③ 就学義務の猶予・免除の措置がなされた場合

④ 生徒の居所が1年以上不明で長期欠席を続けている場合

①と②の場合は，いわゆる退学という概念にふさわしいものであって，この場合には，校長が退学を認めた日を，下部の括弧のない年月日欄に記入し，その余白に事由などを記入する。

③と④は退学と性格を異にする面もあるが，昭和32年2月25日付「学齢簿および指導要録の取扱について」の通達の趣旨に従って，在学しない者として取り扱うこととしている。この場合の記入の仕方は，校長が在学しない者と認めた年月日を，上部の括弧書きの年月日に記入し，その余白にその事由などを記入する。

①②の場合，括弧のない生年月日欄に記入し，③④の場合，括弧書きの生年月日欄に記入する。

参考様式の記入例

※外国にある学校に入る場合

転学・退学等	（　　　　年　　　　月　　　　日　） 　　　令和2 年　9 月　19 日 アメリカ合衆国サンフランシスコ市，現地日本人学校 へ，父親の転勤のため。（第2学年）

※生徒が死亡した場合

転学・退学等	（　　　　年　　　　月　　　　日　） 　　　令和3 年　7 月　10 日 交通事故にて生徒死亡のため除籍（第3学年）

※就学義務の猶予・免除の場合

転学・退学等	（　令和2 年　9 月　18 日　） 　　　　　年　　　　月　　　　日 小児麻痺のため就学免除，自宅療養（第2学年）

※転学を申し出て，そのまま行方不明の場合（1年後に退学させる）

転学・退学等	（　令和3 年　4 月　5 日　） 　　　　　年　　　　月　　　　日 転学を申し出て，行先を神戸市と告げ，そのまま行方 不明につき退学（第5学年）

63 その他▷▷ 原級留置となったとき

指導要録の取扱い

　中学校では滅多にないケースだが，生徒が進級せずに同じ学年を繰り返して履修する，原級留置の措置が取られることがある。このときの指導要録の扱いについては，次のように取り扱うことが考えられる。

　同じ学年に関して同じ指導要録に再度記入することは難しいため，留め置かれた学年から新しく指導要録を作成する。その際，前年までを記録した指導要録と重ねて保管する。

　例えば，第2学年で原級留置となった生徒の場合，1度目の第2学年は元の指導要録に記入し，2度目の第2学年は新しく作成した指導要録に記入する。そして，元の指導要録と新しく作成した指導要録とを重ねて保管する。

元の指導要録に何を書くか

　元の指導要録には，原級留置となった当該学年の「総合所見及び指導上参考となる諸事項」の欄に，「原級留置」「原級留置とした年月日（通常は年度末である令和○年3月31日）」「原級留置とする学年」「事由（例：長期欠席のため）」を記入する。

新しい指導要録に何を書くか

　新しく作成した指導要録には，まず生徒名などの必要最小限の情報を記載する。そして，原級留置となった当該学年の「総合所見及び指導上参考となる諸事項」の欄に，「原級留置をする学年」と「原級留置を決定した年月日」を記入し，その学年に関する事項を記入していく。

元の指導要録への記入例

●原級留置，令和5年3月31日，長期入院による欠席のため（第3学年）。
●原級留置，令和5年3月31日，謹慎・停学による出席日数不足のため（第2学年）。
●原級留置，令和5年3月31日，成績の不良のため（第1学年）。

原級留置が検討されるケース

・事故や病気，障害などにより長期の入院や加療を要する場合
・成績が不良の場合
・不登校や謹慎・停学などにより，出席日数が不足した場合
　（謹慎や停学の日数は出席日数に含まれない）
・私生活面においてだらしがない場合（多すぎる遅刻や課題の未提出など）
・その他生徒としてふさわしくない行為があった場合

ここでは一例を示したが，実際の記入に当たっては各自治体の方式を確認しよう。

指導要録と通知表，書き分けのポイント

今回の『通知』では，教師の勤務負担軽減の観点から，指導要録の「指導に関する記録（様式２）」に記載する事項を全て満たす通知表を作成する場合には，指導要録と通知表の様式を共通としてよいことを明記している。目的・機能が異なる指導要録と通知表を一貫性のある記録簿として作成するには，どのようなことに留意すればよいだろうか。

ポイントは，指導要録には「証明」機能が，通知表には「指導」機能が第一義的に求められていることだろう。「証明」目的重視ならば，事実の記述を中心に客観性を求めることが大切であり，「指導」目的重視ならば，望ましい行動の継続と課題の改善を促すような具体的な書き方を追究することになる。

以上を踏まえ，例を挙げて書き分けについて検討してみよう。

通知表の所見例

○　掲示係として「どうしたら，みんなによく見てもらえるのか」ということを考え，掲示物の貼り方をよく工夫しています。長縄跳び大会の優勝記念号では，リボンで飾ると華やかさが増すことを思い付き，実行して，学級を盛り上げました。

指導要録の所見例（「総合所見及び指導上参考となる諸事項」）

○　与えられた役割に誠実に取り組み，友達から信頼されている。（行動：責任感）
○　課題に対して自分なりの考えをもって取り組み，取組み方に工夫が見られる。（行動：創意工夫）
○　係活動に進んで取り組み，学級に貢献している。（行動：勤労・奉仕）
○　掲示係としてよりよい学級生活づくりに主体的に貢献した。（特別活動：学級活動）

通知表の所見には，上の例に限らず，①どういう行動がよかったかを具体的にしているので行動の継続につなげやすい（自己理解の深化），②教師がどんな行動を期待しているかを具体的に示しているので改善行動につなげやすい（目標設定），③前向きな雰囲気を醸しており意欲が維持・喚起されやすい，などの特徴が見られる。

いっぽう指導要録は，個別事象の具体性よりも，児童生徒の学習の実現状況を簡潔に示すことが最も必要であり，開示の可能性を考慮しても，主観的な評価による記述は避けるのが妥当と思われる。ただし，通知表への記載内容を指導要録の視点・趣旨を踏まえて記述し直すことで，双方の内容の一貫性が高まる点は留意したい。二つの書類の作成においては，通知表の内容を指導要録へと収斂させていくのが慣例であるが，それぞれの機能に応じた内容・表現を留意した上で，共通化を図っていくべきであろう。

付録

▷ 8章 記入のための参考資料

64 性格・体格・態度など個人の特徴にかかわる内容の場合

　生徒の優れている点や長所を取り上げて記述することが基本である。わざわざ望ましくない特徴を記載しない。

用語例

【ケース1】

△（望ましくない例）

・心優しい態度で友達と接することができる。その分，友達の言葉に傷付き，落ち込むことも多い。

○（改善例）

・優しく，細やかな心情で友達と穏やかに接することができる。

【ケース2】

△（望ましくない例）

・体力がなく弱々しい印象であるが，自分の意見を貫く強さがある。

○（改善例）

・自分の言動に責任をもって行動できる気持ちの強さがある。

【ケース3】

△（望ましくない例）

・能力をより高い目標を掲げて勉強し，よく質問するなど本人なりに努力もしているが，理解力に乏しく学習した内容がなかなか定着しない。テストについて教師にクレームを付けてくることも多い。

○（改善例）

・学習内容について分かるまで質問し，解明しようと努力している。高い目標を掲げ，粘り強く学習を積み重ねている。

【ケース4】

△（望ましくない例）

・教科の好き嫌いが激しく，興味関心の高い教科に比べて，嫌いな教科や苦手な教科に対する関心，意欲が低い。

○（改善例）

・興味関心の高い教科は意欲的に学習し，力を伸ばした。

---

65 友達や人間関係にかかわる内容の場合

　生徒は様々な面をもっている。人間関係のトラブルのみを強調するような記述や，独断的で偏見であると言わざるを得ない表現は慎む。

用語例

【ケース1】

△（望ましくない例）

・人間関係をつくることが苦手で，しばしばトラブルを起こしている。自分に甘く，他人に厳しい面が原因だと思われる。

○（改善例）

・人間関係をつくることに時間がかかっているが，よりよい学級生活を送ろうとして友達と協力しようと努力している。

【ケース2】

△（望ましくない例）

・部活動の部長としてリーダーシップを発揮する中で部員をよくまとめていたが，強引な言動も目立った。

○（改善例）

・部活動の部長として後輩の面倒をよく見ていた。リーダーシップを発揮し，県大会3位という素晴らしい成績を収めた。

【ケース3】

△（望ましくない例）

・いつも一人で行動しているので，もう少しクラスメイトや学級の活動に協力したほうがよい。

○（改善例）

・どんな状況でも，自分に与えられた仕事や役割を責任をもって果たしていた。

【ケース4】

△（望ましくない例）

・他人を選り好みするような雰囲気があり，人間関係が広がらない。

○（改善例）

・気が合う相手とすぐに仲よくなることができる。

---

66 保護者や家庭にかかわる内容の場合

保護者の職業や家庭状況など生徒の学習成績や活動に無関係なことに触れ，本人や保護者，家族などの人権を損ねるような記載をしてはならない。

用語例

【ケース1】

△（望ましくない例）

・母子家庭にもかかわらず，基本的な生活習慣がよく身に付いており，ほかの生徒の見本となるような行動が多く見られた。

○（改善例）

・礼儀正しく，基本的な生活習慣が身に付いている。前向きな言動でほかの生徒の模範となっていた。

【ケース2】

△（望ましくない例）

・真面目で与えられたことは着実に行うが，一人っ子であり，保護者が手をかけて育てているので，自主的・自立的な行動ができない場面がある。

○（改善例）

・与えられた仕事を着実に行い，真面目な生活態度である。まわりの友達と協力しながら学校生活を送っている。

【ケース3】

△（望ましくない例）

・家族で営む商店の手伝いをよくしているが，そのため学習時間が減り，基本的な学習内容が身に付いていない。

○（改善例）

・家族を大切に思い，家業の手伝いをよくしている。家庭学習の習慣が身に付き，基本的な学習内容が定着するよう指導している。

・家の仕事をよく手伝っており，将来は家業を継ぎたいと考えている。基本的な学習内容が身に付くように，補習や個別指導を実施している。

67 記載者（担任）の教育観・指導方法にかかわる内容の場合

　生徒の正しい行為を認め，積極的に評価していくことが基本であり，担任自身の教育への考え方や指導のあり方を押し付けるような記載は控える。

用語例

【ケース1】

△（望ましくない例）

・得意なスポーツには熱心に取り組んだが，学習面は怠りがちであった。学習とスポーツの両立こそが大切であると注意した。

○（改善例）

・得意なスポーツは情熱をもって根気よく努力を続け，成果を上げている。学習との両立を目指して努力を続けるように指導している。

【ケース2】

△（望ましくない例）

・英語に対する興味関心が高く，学校外でも外国人との活動に参加している。そのため英会話の力は高いが，一つの教科に偏った学習になっているので，幅広く勉強するように伝えた。

○（改善例）

・英語に対する興味関心が高く，外国人との活動では積極的に英会話を楽しみ，文化を理解しようとする姿があった。英語を中心としてバランスよく学力が身に付いていくように指導している。

【ケース3】

△（望ましくない例）

・学習や集団活動で遅れがちな生徒に対して常に気にかけ，よく面倒を見ていたが，過剰なサポートは本人の自立につながらないことがあるので協力は少し控えるように伝えた。

○（改善例）

・誰とでも協力し合うことができ，困っている友達には遊んで声かけしながら協力的に活動していた。

68 各教科等の評価の観点及びその趣旨

国 語

	知識・技能	思考・判断・表現	主体的に学習に取り組む態度
観点の趣旨	社会生活に必要な国語について，その特質を理解し適切に使っている。	「話すこと・聞くこと」，「書くこと」，「読むこと」の各領域において，社会生活における人との関わりの中で伝え合う力を高め，自分の思いや考えを広げたり深めたりしている。	言葉を通じて積極的に人と関わったり，思いや考えを深めたりしながら，言葉がもつ価値を認識しようとしているとともに，言語感覚を豊かにし，言葉を適切に使おうとしている。
第1学年	社会生活に必要な国語の知識や技能を身に付けているとともに，我が国の言語文化に親しんだり理解したりしている。	「話すこと・聞くこと」，「書くこと」，「読むこと」の各領域において，筋道立てて考える力や豊かに感じたり想像したりする力を養い，日常生活における人との関わりの中で伝え合う力を高め，自分の思いや考えを確かなものにしている。	言葉を通じて積極的に人と関わったり，思いや考えを確かなものにしたりしながら，言葉がもつ価値に気付こうとしているとともに，進んで読書をし，言葉を適切に使おうとしている。
第2学年	社会生活に必要な国語の知識や技能を身に付けているとともに，我が国の言語文化に親しんだり理解したりしている。	「話すこと・聞くこと」，「書くこと」，「読むこと」の各領域において，論理的に考える力や共感したり想像したりする力を養い，社会生活における人との関わりの中で伝え合う力を高め，自分の思いや考えを広げたり深めたりしている。	言葉を通じて積極的に人と関わったり，思いや考えを広げたり深めたりしながら，言葉がもつ価値を認識しようとしているとともに，読書を生活に役立て，言葉を適切に使おうとしている。
第3学年	社会生活に必要な国語の知識や技能を身に付けているとともに，我が国の言語文化に親しんだり理解したりしている。	「話すこと・聞くこと」，「書くこと」，「読むこと」の各領域において，論理的に考える力や深く共感したり豊かに想像したりする力を養い，社会生活における人との関わりの中で伝え合う力を高め，自分の思いや考えを広げたり深めたりしている。	言葉を通じて積極的に人と関わったり，思いや考えを広げたり深めたりしながら，言葉がもつ価値を認識しようとしているとともに，読書を通して自己を向上させ，言葉を適切に使おうとしている。

社　会

	知識・技能	思考・判断・表現	主体的に学習に取り組む態度
観点の趣旨	我が国の国土と歴史，現代の政治，経済，国際関係等に関して理解しているとともに，調査や諸資料から様々な情報を効果的に調べまとめている。	社会的事象の意味や意義，特色や相互の関連を多面的・多角的に考察したり，社会に見られる課題の解決に向けて選択・判断したり，思考・判断したことを説明したり，それらを基に議論したりしている。	社会的事象について，国家及び社会の担い手として，よりよい社会の実現を視野に課題を主体的に解決しようとしている。
地理的分野	我が国の国土及び世界の諸地域に関して，地域の諸事象や地域的特色を理解しているとともに，調査や諸資料から地理に関する様々な情報を効果的に調べまとめている。	地理に関わる事象の意味や意義，特色や相互の関連を，位置や分布，場所，人間と自然環境との相互依存関係，空間的相互依存作用，地域などに着目して，多面的・多角的に考察したり，地理的な課題の解決に向けて公正に選択・判断したり，思考・判断したことを説明したり，それらを基に議論したりしている。	日本や世界の地域に関わる諸事象について，国家及び社会の担い手として，よりよい社会の実現を視野にそこで見られる課題を主体的に追究，解決しようとしている。
歴史的分野	我が国の歴史の大きな流れを，世界の歴史を背景に，各時代の特色を踏まえて理解しているとともに，諸資料から歴史に関する様々な情報を効果的に調べまとめている。	歴史に関わる事象の意味や意義，伝統と文化の特色などを，時期や年代，推移，比較，相互の関連や現在とのつながりなどに着目して多面的・多角的に考察したり，歴史に見られる課題を把握し複数の立場や意見を踏まえて公正に選択・判断したり，思考・判断したことを説明したり，それらを基に議論したりしている。	歴史に関わる諸事象について，国家及び社会の担い手として，よりよい社会の実現を視野にそこで見られる課題を主体的に追究，解決しようとしている。
公民的分野	個人の尊厳と人権の尊重の意義，特に自由・権利と責任・義務との関係を広い視野から正しく認識し，民主主義，民主政治の意義，国民の生活の向上と経済活動との関わり，現代の社会生活及び国際関係などについて，個人と社会との関わりを中心に理解を深めているとともに，諸資料から現代の社会的事象に関する情報を効果的に調べまとめている。	社会的事象の意味や意義，特色や相互の関連を現代の社会生活と関連付けて多面的・多角的に考察したり，現代社会に見られる課題について公正に判断したり，思考・判断したことを説明したり，それらを基に議論したりしている。	現代の社会的事象について，国家及び社会の担い手として，現代社会に見られる課題の解決を視野に主体的に社会に関わろうとしている。

数　学

	知識・技能	思考・判断・表現	主体的に学習に取り組む態度
観点の趣旨	・数量や図形などについての基礎的な概念や原理・法則などを理解している。 ・事象を数学化したり，数学的に解釈したり，数学的に表現・処理したりする技能を身に付けている。	数学を活用して事象を論理的に考察する力，数量や図形などの性質を見いだし統合的・発展的に考察する力，数学的な表現を用いて事象を簡潔・明瞭・的確に表現する力を身に付けている。	数学的活動の楽しさや数学のよさを実感して粘り強く考え，数学を生活や学習に生かそうとしたり，問題解決の過程を振り返って評価・改善しようとしたりしている。
第1学年	・正の数と負の数，文字を用いた式と一元一次方程式，平面図形と空間図形，比例と反比例，データの分布と確率などについての基礎的な概念や原理・法則などを理解している。 ・事象を数理的に捉えたり，数学的に解釈したり，数学的に表現・処理したりする技能を身に付けている。	数の範囲を拡張し，数の性質や計算について考察したり，文字を用いて数量の関係や法則などを考察したりする力，図形の構成要素や構成の仕方に着目し，図形の性質や関係を直観的に捉え論理的に考察する力，数量の変化や対応に着目して関数関係を見いだし，その特徴を表，式，グラフなどで考察する力，データの分布に着目し，その傾向を読み取り批判的に考察して判断したり，不確定な事象の起こりやすさについて考察したりする力を身に付けている。	数学的活動の楽しさや数学のよさに気付いて粘り強く考え，数学を生活や学習に生かそうとしたり，問題解決の過程を振り返って検討しようとしたり，多面的に捉え考えようとしたりしている。
第2学年	・文字を用いた式と連立二元一次方程式，平面図形と数学的な推論，一次関数，データの分布と確率などについての基礎的な概念や原理・法則などを理解している。 ・事象を数学化したり，数学的に解釈したり，数学的に表現・処理したりする技能を身に付けている。	文字を用いて数量の関係や法則などを考察する力，数学的な推論の過程に着目し，図形の性質や関係を論理的に考察し表現する力，関数関係に着目し，その特徴を表，式，グラフを相互に関連付けて考察する力，複数の集団のデータの分布に着目し，その傾向を比較して読み取り批判的に考察して判断したり，不確定な事象の起こりやすさについて考察したりする力を身に付けている。	数学的活動の楽しさや数学のよさを実感して粘り強く考え，数学を生活や学習に生かそうとしたり，問題解決の過程を振り返って評価・改善しようとしたり，多様な考えを認め，よりよく問題解決しようとしている。
第3学年	・数の平方根，多項式と二次方程式，図形の相似，円周角と中心角の関係，三平方の定理，関数 $y = ax^2$，標本調査などについての基礎的な概念や原理・法則などを理解している。 ・事象を数学化したり，数学的に解釈したり，数学的に表現・処理したりする技能を身に付けている。	数の範囲に着目し，数の性質や計算について考察したり，文字を用いて数量の関係や法則などを考察したりする力，図形の構成要素の関係に着目し，図形の性質や計量について論理的に考察し表現する力，関数関係に着目し，その特徴を表，式，グラフを相互に関連付けて考察する力，標本と母集団の関係に着目し，母集団の傾向を推定し判断したり，調査の方法や結果を批判的に考察したりする力を身に付けている。	数学的活動の楽しさや数学のよさを実感して粘り強く考え，数学を生活や学習に生かそうとしたり，問題解決の過程を振り返って評価・改善しようとしたり，多様な考えを認め，よりよく問題解決しようとしている。

	知識・技能	思考・判断・表現	主体的に学習に取り組む態度
観点の趣旨	自然の事物・現象についての基本的な概念や原理・法則などを理解しているとともに，科学的に探究するために必要な観察，実験などに関する基本操作や記録などの基本的な技能を身に付けている。	自然の事物・現象から問題を見いだし，見通しをもって観察，実験などを行い，得られた結果を分析して解釈し，表現するなど，科学的に探究している。	自然の事物・現象に進んで関わり，見通しをもったり振り返ったりするなど，科学的に探究しようとしている。
第1分野	物質やエネルギーに関する事物・現象についての基本的な概念や原理・法則などを理解しているとともに，科学的に探究するために必要な観察，実験などに関する基本操作や記録などの基本的な技能を身に付けている。	物質やエネルギーに関する事物・現象から問題を見いだし，見通しをもって観察，実験などを行い，得られた結果を分析して解釈し，表現するなど，科学的に探究している。	物質やエネルギーに関する事物・現象に進んで関わり，見通しをもったり振り返ったりするなど，科学的に探究しようとしている。
第2分野	生命や地球に関する事物・現象についての基本的な概念や原理・法則などを理解しているとともに，科学的に探究するために必要な観察，実験などに関する基本操作や記録などの基本的な技能を身に付けている。	生命や地球に関する事物・現象から問題を見いだし，見通しをもって観察，実験などを行い，得られた結果を分析して解釈し，表現するなど，科学的に探究している。	生命や地球に関する事物・現象に進んで関わり，見通しをもったり振り返ったりするなど，科学的に探究しようとしている。

音 楽

	知識・技能	思考・判断・表現	主体的に学習に取り組む態度
観点の趣旨	・曲想と音楽の構造や背景などとの関わり及び音楽の多様性について理解している。 ・創意工夫を生かした音楽表現をするために必要な技能を身に付け，歌唱，器楽，創作で表している。	音楽を形づくっている要素や要素同士の関連を知覚し，それらの働きが生み出す特質や雰囲気を感受しながら，知覚したことと感受したこととの関わりについて考え，どのように表すかについて思いや意図をもったり，音楽を評価しながらよさや美しさを味わって聴いたりしている。	音や音楽，音楽文化に親しむことができるよう，音楽活動を楽しみながら主体的・協働的に表現及び鑑賞の学習活動に取り組もうとしている。
第1学年	・曲想と音楽の構造などとの関わり及び音楽の多様性について理解している。 ・創意工夫を生かした音楽表現をするために必要な技能を身に付け，歌唱，器楽，創作で表している。	音楽を形づくっている要素や要素同士の関連を知覚し，それらの働きが生み出す特質や雰囲気を感受しながら，知覚したことと感受したこととの関わりについて考え，どのように表すかについて思いや意図をもったり，音楽を自分なりに評価しながらよさや美しさを味わって聴いたりしている。	音や音楽，音楽文化に親しむことができるよう，音楽活動を楽しみながら主体的・協働的に表現及び鑑賞の学習活動に取り組もうとしている。
第2学年及び第3学年	・曲想と音楽の構造や背景などとの関わり及び音楽の多様性について理解している。 ・創意工夫を生かした音楽表現をするために必要な技能を身に付け，歌唱，器楽，創作で表している。	音楽を形づくっている要素や要素同士の関連を知覚し，それらの働きが生み出す特質や雰囲気を感受しながら，知覚したことと感受したこととの関わりについて考え，曲にふさわしい音楽表現としてどのように表すかについて思いや意図をもったり，音楽を評価しながらよさや美しさを味わって聴いたりしている。	音や音楽，音楽文化に親しむことができるよう，音楽活動を楽しみながら主体的・協働的に表現及び鑑賞の学習活動に取り組もうとしている。

美 術

	知識・技能	思考・判断・表現	主体的に学習に取り組む態度
観点の趣旨	・対象や事象を捉える造形的な視点について理解している。 ・表現方法を創意工夫し，創造的に表している。	造形的なよさや美しさ，表現の意図と工夫，美術の働きなどについて考えるとともに，主題を生み出し豊かに発想し構想を練ったり，美術や美術文化に対する見方や感じ方を深めたりしている。	美術の創造活動の喜びを味わい主体的に表現及び鑑賞の幅広い学習活動に取り組もうとしている。
第1学年	・対象や事象を捉える造形的な視点について理解している。 ・意図に応じて表現方法を工夫して表している。	自然の造形や美術作品などの造形的なよさや美しさ，表現の意図と工夫，機能性と美しさとの調和，美術の働きなどについて考えるとともに，主題を生み出し豊かに発想し構想を練ったり，美術や美術文化に対する見方や感じ方を広げたりしている。	美術の創造活動の喜びを味わい楽しく表現及び鑑賞の学習活動に取り組もうとしている。
第2学年及び第3学年	・対象や事象を捉える造形的な視点について理解している。 ・意図に応じて自分の表現方法を追求し，創造的に表している。	自然の造形や美術作品などの造形的なよさや美しさ，表現の意図と創造的な工夫，機能性と洗練された美しさとの調和，美術の働きなどについて独創的・総合的に考えるとともに，主題を生み出し豊かに発想し構想を練ったり，美術や美術文化に対する見方や感じ方を深めたりしている。	美術の創造活動の喜びを味わい主体的に表現及び鑑賞の学習活動に取り組もうとしている。

	知識・技能	思考・判断・表現	主体的に学習に取り組む態度
観点の趣旨	運動の合理的な実践に関する具体的な事項や生涯にわたって運動を豊かに実践するための理論について理解しているとともに、運動の特性に応じた基本的な技能を身に付けている。また、個人生活における健康・安全について科学的に理解しているとともに、基本的な技能を身に付けている。	自己や仲間の課題を発見し、合理的な解決に向けて、課題に応じた運動の取り組み方や目的に応じた運動の組み合わせ方を工夫しているとともに、それらを他者に伝えている。また、個人生活における健康に関する課題を発見し、その解決を目指して科学的に思考し判断しているとともに、それらを他者に伝えている。	運動の楽しさや喜びを味わうよう、運動の合理的な実践に自主的に取り組もうとしている。また、健康を大切にし、自他の健康の保持増進や回復についての学習に自主的に取り組もうとしている。
体育分野第1学年及び第2学年	各運動の特性や成り立ち、技の名称や行い方、伝統的な考え方、各領域に関連して高まる体力、健康・安全の留意点についての具体的な方法及び運動やスポーツの多様性、運動やスポーツの意義や効果と学び方や安全な行い方についての考え方を理解しているとともに、各領域の運動の特性に応じた基本的な技能を身に付けている。	運動を豊かに実践するための自己の課題を発見し、合理的な解決に向けて、課題に応じた運動の取り組み方や目的に応じた運動の組み合わせ方を工夫しているとともに、自己や仲間の考えたことを他者に伝えている。	運動の楽しさや喜びを味わうことができるよう、公正、協力、責任、共生などに対する意欲をもち、健康・安全に留意して、学習に積極的に取り組もうとしている。
体育分野第3学年	選択した運動の技の名称や行い方、体力の高め方、運動観察の方法、スポーツを行う際の健康・安全の確保の仕方についての具体的な方法及び文化としてのスポーツの意義についての考え方を理解しているとともに、選択した領域の運動の特性に応じた基本的な技能を身に付けている。	生涯にわたって運動を豊かに実践するための自己や仲間の課題を発見し、合理的な解決に向けて、課題に応じた運動の取り組み方や目的に応じた運動の組み合わせ方を工夫しているとともに、自己や仲間の考えたことを他者に伝えている。	運動の楽しさや喜びを味わうことができるよう、公正、協力、責任、参画、共生などに対する意欲をもち、健康・安全を確保して、学習に自主的に取り組もうとしている。
保健分野	健康な生活と疾病の予防、心身の機能の発達と心の健康、傷害の防止、健康と環境について、個人生活を中心として科学的に理解しているとともに、基本的な技能を身に付けている。	健康な生活と疾病の予防、心身の機能の発達と心の健康、傷害の防止、健康と環境について、個人生活における健康に関する課題を発見し、その解決を目指して科学的に思考し判断しているとともに、それらを他者に伝えている。	健康な生活と疾病の予防、心身の機能の発達と心の健康、傷害の防止、健康と環境について、自他の健康の保持増進や回復についての学習に自主的に取り組もうとしている。

	知識・技能	思考・判断・表現	主体的に学習に取り組む態度
観点の趣旨	生活と技術について理解しているとともに，それらに係る技能を身に付けている。	生活や社会の中から問題を見いだして課題を設定し，解決策を構想し，実践を評価・改善し，表現するなどして課題を解決する力を身に付けている。	よりよい生活の実現や持続可能な社会の構築に向けて，課題の解決に主体的に取り組んだり，振り返って改善したりして，生活を工夫し創造し，実践しようとしている。
技術分野	生活や社会で利用されている技術について理解しているとともに，それらに係る技能を身に付け，技術と生活や社会，環境との関わりについて理解している。	生活や社会の中から技術に関わる問題を見いだして課題を設定し，解決策を構想し，実践を評価・改善し，表現するなどして課題を解決する力を身に付けている。	よりよい生活や持続可能な社会の構築に向けて，課題の解決に主体的に取り組んだり，振り返って改善したりして，技術を工夫し創造しようとしている。
家庭分野	家族・家庭の基本的な機能について理解を深め，生活の自立に必要な家族・家庭，衣食住，消費や環境などについて理解しているとともに，それらに係る技能を身に付けている。	これからの生活を展望し，家族・家庭や地域における生活の中から問題を見いだして課題を設定し，解決策を構想し，実践を評価・改善し，考察したことを論理的に表現するなどして課題を解決する力を身に付けている。	家族や地域の人々と協働し，よりよい生活の実現に向けて，課題の解決に主体的に取り組んだり，振り返って改善したりして，生活を工夫し創造し，実践しようとしている。

外国語

	知識・技能	思考・判断・表現	主体的に学習に取り組む態度
観点の趣旨	・外国語の音声や語彙，表現，文法，言語の働きなどを理解している。 ・外国語の音声や語彙，表現，文法，言語の働きなどの知識を，聞くこと，読むこと，話すこと，書くことによる実際のコミュニケーションにおいて活用できる技能を身に付けている。	コミュニケーションを行う目的や場面，状況などに応じて，日常的な話題や社会的な話題について，外国語で簡単な情報や考えなどを理解したり，これらを活用して表現したり伝え合ったりしている。	外国語の背景にある文化に対する理解を深め，聞き手，読み手，話し手，書き手に配慮しながら，主体的に外国語を用いてコミュニケーションを図ろうとしている。

総合的な学習の時間の記録

	知識・技能	思考・判断・表現	主体的に学習に取り組む態度
観点の趣旨	探究的な学習の過程において，課題の解決に必要な知識や技能を身に付け，課題に関わる概念を形成し，探究的な学習のよさを理解している。	実社会や実生活の中から問いを見いだし，自分で課題を立て，情報を集め，整理・分析して，まとめ・表現している。	探究的な学習に主体的・協働的に取り組もうとしているとともに，互いのよさを生かしながら，積極的に社会に参画しようとしている。

特別活動の記録

	知識・技能	思考・判断・表現	主体的に学習に取り組む態度
観点の趣旨	多様な他者と協働する様々な集団活動の意義や，活動を行う上で必要となることについて理解している。 自己の生活の充実・向上や自己実現に必要となる情報及び方法を理解している。 よりよい生活を構築するための話合い活動の進め方，合意形成の図り方などの技能を身に付けている。	所属する様々な集団や自己の生活の充実・向上のため，問題を発見し，解決方法を話し合い，合意形成を図ったり，意思決定をしたりして実践している。	生活や社会，人間関係をよりよく構築するために，自主的に自己の役割や責任を果たし，多様な他者と協働して実践しようとしている。 主体的に人間としての生き方について考えを深め，自己実現を図ろうとしている。

行動の記録

基本的な生活習慣	第1学年，第2学年及び第3学年	自他の安全に努め，礼儀正しく節度を守り節制に心掛け調和のある生活をする
健康・体力の向上	第1学年，第2学年及び第3学年	活力ある生活を送るための心身の健康の保持増進と体力の向上に努めている。
自主・自律	第1学年，第2学年及び第3学年	自分で考え，的確に判断し，自制心をもって自律的に行動するとともに，より高い目標の実現に向けて計画を立て根気強く努力する。
責任感	第1学年，第2学年及び第3学年	自分の役割を自覚して誠実にやり抜き，その結果に責任を負う。
創意工夫	第1学年，第2学年及び第3学年	探究的な態度をもち，進んで新しい考えや方法を見付け，自らの個性を生かした生活を工夫する。
思いやり・協力	第1学年，第2学年及び第3学年	だれに対しても思いやりと感謝の心をもち，自他を尊重し広い心で共に協力し，よりよく生きていこうとする。
生命尊重・自然愛護	第1学年，第2学年及び第3学年	自他の生命を尊重し，進んで自然を愛護する。
勤労・奉仕	第1学年，第2学年及び第3学年	勤労の尊さや意義を理解して望ましい職業観をもち，進んで仕事や奉仕活動をする。
公正・公平	第1学年，第2学年及び第3学年	正と不正を見極め，誘惑に負けることなく公正な態度がとれ，差別や偏見をもつことなく公平に行動する。
公共心・公徳心	第1学年，第2学年及び第3学年	規則を尊重し，公徳を大切にするとともに，我が国の伝統と文化を大切にし，国際的視野に立って公共のために役に立つことを進んで行う。

■著者一覧（所属は 2019 年 12 月時点）

無藤　　隆（むとう・たかし）　　　　　白梅学園大学大学院特任教授
　　編集，執筆（1，2，3，4）

石田　恒好（いしだ・つねよし）　　　　文教大学学園長
　　編集

嶋﨑　政男（しまざき・まさお）　　　　神田外語大学客員教授
　　編集

吉冨　芳正（よしとみ・よしまさ）　　　明星大学教授
　　編集，執筆（5，6，7，57，58）

石塚　　等（いしづか・ひとし）　　　　横浜国立大学教授
　　編集，執筆（8，16，17，18，19，20，21，59，60，61，62，63）

櫻井　茂男（さくらい・しげお）　　　　筑波大学名誉教授
　　編集，執筆（13，14，15，37）

平山祐一郎（ひらやま・ゆういちろう）　東京家政大学教授
　　編集，執筆（11，12，48）

石村　康代（いしむら・やすよ）　　　　日野市立三沢中学校統括校長
　　編集協力

田村　浩実（たむら・ひろみ）　　　　　日野市立三沢中学校主幹教諭
　　執筆（9，10，22，23，24，25，26，27，28，51，52，53，54，55，56，57，
　　58，64，65，66，67）

木暮　高志（こぐれ・たかし）　　　　　日野市立三沢中学校主任教諭
　　執筆（29，30，31，32，33，34，35，36，38，39，40，41，42，43，44，45，
　　46，47）

新指導要録の記入例と用語例　中学校

2020 年 2 月 20 日　初版第 1 刷発行［検印省略］
2022 年 3 月 20 日　初版第 3 刷発行

編著者　無藤　隆・石田恒好・嶋﨑政男・
　　　　吉冨芳正・石塚　等・櫻井茂男・平山祐一郎　ⓒ
発行人　則岡秀卓
発行所　株式会社　図書文化社
　　　　〒 112-0012　東京都文京区大塚 1-4-15
　　　　Tel: 03-3943-2511　Fax: 03-3943-2519
　　　　http://www.toshobunka.co.jp/
本文デザイン・イラスト・装幀　株式会社　オセロ
組版・印刷　株式会社　厚徳社
製本　株式会社　駒崎製本所
ISBN　978-4-8100-0744-2　C3337

SF161101　　　　　　　　　　　　　　　　　※本体には別途消費税がかかります